数字经济驱动居民消费升级方向与路径研究

石亚娣　著

中国商业出版社

图书在版编目（CIP）数据

数字经济驱动居民消费升级方向与路径研究 / 石亚娣著 . -- 北京 : 中国商业出版社 , 2023.9
ISBN 978-7-5208-2643-3

Ⅰ . ①数…　Ⅱ . ①石…　Ⅲ . ①信息经济 – 影响 – 居民消费 – 消费力 – 研究 – 中国　Ⅳ . ① F126.1

中国国家版本馆 CIP 数据核字 (2023) 第 186272 号

责任编辑：王　静

中国商业出版社出版发行
（www.zgsycb.com　100053　北京广安门内报国寺 1 号）
总编室：010–63180647　编辑室：010–83114579
发行部：010–83120835/8286
新华书店经销
定州启航印刷有限公司印刷
*
710 毫米 ×1000 毫米　16 开　13.75 印张　200 千字
2023 年 9 月第 1 版　2024 年 1 月第 1 次印刷
定价：78.00 元
*　*　*　*

前　言

随着数字经济的快速发展，数字化、网络化、智能化已成为经济社会发展的大趋势。数字经济已经成为各国经济增长的重要引擎和转型升级的重要路径，也是居民消费升级的重要动力。本书旨在探讨数字经济背景下居民消费升级的方向，分析数字经济对消费市场和消费内容的影响，探讨数字经济驱动下消费者行为的新特征，并提出居民消费升级的实现方向。

本书共分为五章，下面分别介绍每个章节的内容。

第一章为数字经济概述，分为四个小节，介绍了数字经济的概念、特征、兴起与发展，以及我国发展数字经济的重要意义。本章旨在帮助读者深入了解数字经济的概念、特征和发展趋势，明确数字经济在我国经济发展中的重要地位和作用。

第二章为数字经济背景下消费市场的发展态势，分为三个小节，介绍了新生消费力量的出现，中老年消费群体的需求，以及三、四线城市居民消费的扩容。本章旨在分析数字经济背景下消费市场的发展态势，探讨数字经济对消费市场的影响，为后续章节的分析提供基础和依据。

第三章为数字经济驱动下消费内容的多元化，分为四个小节，介绍了传统行业与互联网的结合，服务性消费的发展，知识付费、高端消费的出现，以及直播带货新业态的发展。本章旨在分析数字经济驱动下消费内容的多元化，探讨数字经济对传统行业的影响，以及新兴消费领域的出现和发展趋势。

第四章为数字经济驱动下消费者行为的新特征，分为六个小节，介绍了个性化、特色化和多元化消费，消费者行为的不确定性，消费者行为的体验式和多途径，消费者行为的社交化，消费者行为的消费共享化和运动消费，以及消费者消费观念和消费需求的变化。在数字经济时代，消费者行为呈现出新特征，这对企业的市场竞争力和消费者消费升级提出了新的挑战，同时也是新的机遇。

第五章为数字经济驱动居民消费升级的实现方向，分为四个小节，介绍了释放居民消费能力和扩大内需，推动线上线下消费的有机结合，推动绿色、健康消费，以及推动服务消费的转型和升级。随着数字经济的不断发展和普及，居民消费也正在发生着深刻的变化。为了更好地满足人民日益增长的多元化消费需求，实现消费升级，需要探讨居民消费升级的实现方向，对未来数字经济和消费市场的发展进行预测和展望，为相关领域的研究和实践提供参考。

作 者

2023 年 3 月

目 录

第一章 数字经济概述………………………………………………………… 001

第一节 数字经济的概念 ………………………………………………… 003

第二节 数字经济的特征 ………………………………………………… 004

第三节 数字经济的兴起与发展 ………………………………………… 014

第四节 我国发展数字经济的重要意义 ………………………………… 032

第二章 数字经济背景下消费市场的发展态势………………………… 047

第一节 新生消费力量的出现 …………………………………………… 049

第二节 中老年消费群体的需求 ………………………………………… 063

第三节 三、四线城市居民消费的扩容 ………………………………… 070

第三章 数字经济驱动下消费内容的多元化…………………………… 097

第一节 传统行业与互联网的结合 ……………………………………… 099

第二节 服务性消费的发展 ……………………………………………… 104

第三节 知识付费、高端消费的出现 …………………………………… 108

第四节 直播带货新业态的发展 ………………………………………… 115

第四章 数字经济驱动下消费者行为的新特征………………………… 123

第一节 个性化、特色化和多元化消费 ………………………………… 125

第二节 消费者行为的不确定性 ………………………………………… 135

第三节 消费者行为的体验式和多途径 ………………………………… 147

第四节 消费者行为的社交化 …………………………………………… 150

第五节 消费共享化和运动消费 ………………………………………… 160

第六节 消费者消费观念和消费需求的变化 …………………………… 162

第五章　数字经济驱动居民消费升级的实现方向 …… 165

第一节　释放居民消费能力和扩大内需 …… 167

第二节　线上线下消费的有机结合 …… 175

第三节　绿色、健康消费 …… 188

第四节　服务消费的转型和升级 …… 196

参考文献 …… 207

第一章　数字经济概述

第一节　数字经济的概念

数字经济是指利用数字技术、数字资产、数字平台和数字化生产方式形成的一种新型经济形态，它的核心特征是数字化、网络化、平台化和智能化。数字经济已经成为全球经济发展的主要推动力之一，对经济社会发展产生了深刻影响。

数字经济是基于数字技术和网络信息平台，以数字化为主要生产和交换方式的经济活动和经济系统。数字经济在整个经济体系中的作用和地位越来越重要，已经成为衡量国家综合国力和国际竞争力的重要标志。

数字经济的发展是信息技术、通信技术和数字技术的快速发展推动的结果。数字技术是数字经济的基础和核心，包括人工智能、大数据、云计算、区块链等技术。这些技术的发展，极大地提高了信息处理、存储和传递的效率和准确性，为数字经济的发展提供了强有力的支撑。同时，数字经济也是社会信息化的产物。随着信息技术、通信技术和数字技术的深入应用，数字经济已经从传统的实体经济、工业经济逐渐向服务经济、知识经济转型。

数字经济的发展对传统经济产生了很大的影响，打破了传统经济的地域限制和时空限制，促进了经济全球化的发展。数字经济还打开了就业创业新空间，创造了新的经济增长点和新的就业机会。数字经济的发展也加速了各行各业的数字化转型和升级，提高了企业的竞争力和生产效率，推动了经济结构的优化和转型升级。

数字经济的发展推动了新型消费模式和商业模式的出现和发展。以电子商务为代表的新型商业模式，通过数字技术和网络平台构建了全新的商业生态系统，为消费者提供了更加便利、更加多样化的购物和服务体验，也为企业提供了更加精准的营销和服务手段，成为数字经济的重要组成部分。

数字经济的发展涉及政府部门的数字化转型和公共服务的数字化升级。政府部门通过数字化手段提高了行政效率和服务质量，也加强了社会治理和公共安全。数字经济还促进了数字文化、数字艺术和数字娱乐等文化产业的发展，为文化创意产业带来了新的发展机遇和商业模式。

数字经济的发展已经成为全球经济发展的新趋势和主要推动力之一。在数字经济时代，数字技术和网络平台已经成为经济发展的基础设施，数字化和智能化已经成为经济发展的新特征。未来，数字经济的发展还将继续深入，为经济社会发展带来更多的机遇。

第二节　数字经济的特征

数字经济具有高度的创新性、开放性、融合性，具体表现为高速度、高效率、高增长、高附加值、低成本、低门槛、低污染。数字经济不仅改变了生产方式、商业模式和就业形态，还催生了新的产业、新的产品和新的服务。

数字经济作为一种以数字技术为核心的经济形态和生产方式，具有以下几个显著的特征。

一、高度数字化和信息化

数字经济是以数字技术和信息技术为支撑的经济形态，具有高度数字化和信息化的特征。数字经济的各个环节，包括生产、流通、营销、服务和管理等都离不开数字技术和信息技术的支持。数字经济中的数据和信息是重要的生产要素和经济资源，数字经济也在不断地推动数字化进程和信息化进程，为经济社会的发展注入新的动力和活力。

数字经济的高度数字化和信息化特征主要体现在五个方面，如图1-1所示。

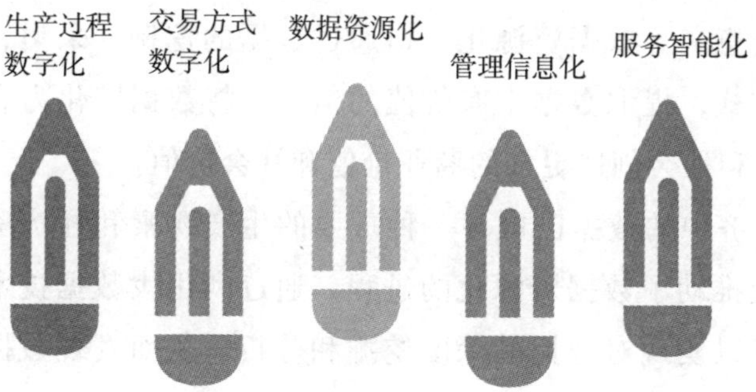

图1-1　数字经济的高度数字化和信息化特征

（一）生产过程数字化

生产过程数字化是指利用数字技术和信息技术将生产过程中的各个环节数字化，从而实现生产过程的高效化、智能化、自动化和精细化。在数字经济的生产过程中大量应用了数字技术，如数字化设计、数字化制造、数字化管理等。生产过程数字化的目的是提高生产效率、降低生产成本、提升产品质量和创新能力，以满足不断变化的市场需求。

（二）交易方式数字化

交易方式数字化是数字经济发展的重要领域。交易方式数字化是指通过数字技术和信息技术，实现交易过程中各个环节的数字化、自动化和智能化，从而提高交易效率、降低交易成本、增强交易安全性和信任度。

数字经济中的交易方式主要以电子商务为代表，交易方式数字化可以实现更加便捷、快速、安全和精准的交易，能够促进跨境贸易的发展，推动数字经济的快速发展和数字化转型。

（三）数据资源化

数据资源化已经成为数字经济发展的重要趋势之一，具有重要的经济和社会意义。数据资源化是指通过数据的挖掘、采集、分析和加工等处理方式，提取数据中有价值的信息，将数据转化为有价值的资源，为企业和社会创造更多的商业价值和社会价值。

数字经济中的数据已成为一种重要的生产要素和经济资源，数字经济的发展推动了数据资源化的进程。通过利用大数据技术和数据分析技术，可以实现对数据的深度挖掘和分析，从而发现数据背后的价值和潜力，提高数据的利用效率和经济价值。

（四）管理信息化

管理信息化是指通过信息技术和数字化手段，实现企业管理过程中信息的快速获取、分析和传递，进而实现企业管理过程的智能化和高效化。管理信息化主要涉及企业内部的管理活动，包括生产管理、人力资源管理、财务管理、市场营销管理等，是数字经济发展的重要领域之一。

数字经济中的管理过程离不开信息技术的支持，如数字化营销、数字化供应链管理、数字化客户服务等，通过应用信息技术，可以实现管理过程的数字化、智能化和个性化，提高企业管理效率和决策效果，提高客户满意度。

（五）服务智能化

数字经济中的服务过程也越来越智能化，如数字化医疗、数字化金融、数字化教育等，通过人工智能、机器学习、自然语言处理等技术的应用，可以实现服务的个性化、智能化和高效化，提高服务质量和用户体验。

服务智能化是指通过智能化技术，提高服务的智能化水平和服务的效率，从而为消费者提供更好的服务体验和价值，促进数字经济的快速发展和数字化转型。服务智能化主要涉及各种服务行业，如电商、餐饮、旅游、金融等，是数字经济发展的重要领域之一。

高度数字化和信息化是数字经济的重要特征，数字技术和信息技术已经成为数字经济的核心要素，经济的数字化和信息化转型也为经济社会的发展带来了新的机遇和挑战。移动互联网、大数据、人工智能、云计算、区块链等新兴领域的快速发展进一步加速了数字经济的数字化和信息化进程。

二、创新驱动和智能化发展

数字经济是一种以创新驱动和智能化发展为特征的经济形态。数字经济的发展离不开技术创新和应用创新，数字技术和信息技术的不断创新和应用为数字经济的发展提供了源源不断的动力和支撑。同时，数字经济的发展推动了经济的智能化和自动化发展，数字技术的应用提高了生产和服务的效率和质量，加快了产业升级和经济转型的进程。

具体来说，数字经济的创新驱动和智能化发展特征表现在以下几个方面。

（一）技术创新驱动

数字经济的发展离不开技术创新的支持，技术创新是数字经济发展的重要驱动力。数字技术和信息技术的不断创新和应用，推动了数字经济的创新和转型，为经济社会的发展和进步注入了新的动力和活力。

（二）应用创新驱动

数字经济的发展离不开应用创新的支持，数字经济的应用场景不断涌现，如电子商务、共享经济、智能制造、智能交通等，为数字经济的发展提供了新的商业模式。

例如，在电商领域，新的电商平台和服务模式的出现，推动了消费者购物方式的变革，同时推动了物流、支付等相关行业的发展；在金融领域，新的数字化金融服务模式的出现，如移动支付、互联网金融、区块链等，不仅方便了人们的日常生活，也为企业提供了更加高效的融资和理财工具；在工业领域，智能制造、物联网等新兴技术的应用，提高了生产效率和产品品质。

（三）智能化发展

数字经济的核心特征是智能化，智能化发展是数字经济发展的重要特点之一。它主要指通过在生产、服务、管理等各个环节广泛应用数字技术和信息技术，实现智能化的生产、智能化的服务和智能化的管理，不断推动数字经济的发展和转型。

智能化发展是数字经济发展的重要特点之一，它通过数字技术和信息技术的应用，提高生产和服务的效率和质量，促进产业升级和数字经济的可持续发展。

三、开放性和全球化

数字经济是一种开放性和全球化的经济形态，数字技术和信息技术的快速发展和普及，使得数字经济的市场和资源具有高度开放性和全球化特征。数字经济的产业链和价值链更具有全球化的特征，数字化和信息化的通信和交流网络使得全球范围内的生产、交流和交易成为可能，为国际贸易和经济合作注入了新的活力和动力，为全球经济一体化发展提供了更加广阔的空间和更多的发展机遇。

开放性和全球化是数字经济的两个重要特征，它们彼此相互作用，共同推动数字经济的发展，如图 1-2 所示。

图 1-2　数字经济的两个重要特征

（一）开放性

数字经济具有开放性特征，主要表现在以下几个方面。

第一，开放的网络环境。数字经济在全球范围内形成了一个开放的网络环境，不同国家和地区的数字经济可以通过网络平台进行交流和合作。

第二，开放的市场环境。数字经济在全球范围内形成了一个开放的市场，为数字经济的发展提供了更广阔的空间。

第三，开放的创新环境。数字经济在全球范围内形成了一个开放的创新环境，为数字经济的创新和发展提供了更多的机遇和挑战。

（二）全球化

数字经济的全球化进程将数字技术和信息技术的应用和发展带入全球范围内，促进全球经济的融合和互动，为世界各国带来了更多的机遇和挑战。

数字经济的全球化特征为数字技术和信息技术的应用和发展提供

了更广泛的空间和更多的机遇，数字技术和信息技术在全球范围内得到更加广泛的应用和发展。

开放性和全球化是数字经济的重要特征，它们不仅为数字经济的应用和发展带来了更多的机遇和挑战，更为数字经济的应用和发展带来了更广泛的影响和更深远的意义。

四、网络效应和规模经济

网络效应和规模经济是数字经济的两个重要特征，对数字经济的发展具有重要的推动作用。

网络效应是数字经济的核心特征之一，体现了数字经济的互联网属性。网络效应是指数字经济中的用户数量和使用程度会对该服务或产品的价值产生影响。在相互作用的系统中，用户数量增多会使数字经济的服务或产品的价值不断提高。网络效应在数字经济中的应用十分广泛，如社交网络、电商平台、在线教育等领域，通过不断吸引新用户和参与者，实现了网络的规模效应和价值效应，推动数字经济的快速发展。

规模经济是数字经济的重要特征之一，体现了数字经济的数字化属性。规模经济是指在一定范围内，随着销售量或产量的增加，平均成本不断降低的状况。规模经济在数字经济中的应用也十分广泛，如云计算、大数据等技术的应用，通过集中、共享资源和技术，实现成本的降低和效率的提高，推动数字经济的高速发展。

网络效应和规模经济互相促进，共同推动数字经济的发展。网络效应的存在使得数字经济中的规模效应更加显著，而规模经济的实现进一步强化了数字经济的网络效应，形成了数字经济的正向循环。网络效应和规模经济为数字经济提供了新的机遇和挑战，相关从业者只有不断探索和创新，才能更好地顺应数字经济的发展潮流。

网络效应和规模经济具有以下优势。

（一）成本优势

随着参与者数量的增加，网络效应和规模经济能够降低单位成本，提高效率，实现成本优势。

成本优势是指一家企业在生产产品或提供服务时，其成本低于竞争对手的优势。成本优势使得企业能够以更低的价格销售产品或提供服务，从而获得市场份额，或者以相同的价格获得更高的利润。

（二）增强市场竞争力

网络效应和规模经济是两种经济现象，它们在现代商业环境中发挥着日益重要的作用。随着科技的飞速发展以及经济全球化趋势的不断深入，这两种现象在推动行业升级与促进市场发展方面变得尤为关键。它们通过吸引更多的参与者和用户来增强市场竞争力，从而为企业创造更大的价值。

网络效应和规模经济的双重驱动，使得企业在市场中具有更强大的竞争力。在这个过程中，创新能力是至关重要的。企业需要不断研发新产品、开拓新市场、优化服务，以便抓住市场中的机遇，提高市场份额。另外，企业还需要密切关注市场变化，快速适应不断变化的消费需求和技术进步，只有这样才能在激烈的市场竞争中脱颖而出。

（三）优化资源配置

优化资源配置在数字经济中具有重要意义，网络效应和规模经济能够整合和优化资源配置，实现优势互补和合作共赢。通过提高资源利用效率，创新资源配置方式，整合产业链资源，推动跨界合作与资源共享，促进区域协同发展，优化人才资源、绿色资源、金融资源以及创新资源的配置，企业能在数字经济时代脱颖而出，实现可持续发展。

（四）增强用户体验

网络效应和规模经济在数字经济背景下发挥着重要作用，它们能够为用户带来更加个性化和多样化的产品和服务，从而增强用户的消费体验和提升用户的满意度。这主要表现在提供定制化服务、丰富产品种类、提高服务质量、创新交互方式、强化社交消费、提供多样化的消费场景、优化价格策略、强化品牌建设、提升物流效率以及保障用户隐私安全等方面。

网络效应和规模经济是数字经济发展中的两个重要特征，为数字经济的发展提供了新的思路和新的动力。网络效应和规模经济的实现，能够带来成本优势、增强市场竞争力、优化资源配置、增强用户体验等，为数字经济的高速发展提供有力的支撑。

五、个性化和定制化服务

数字经济是一种个性化和定制化服务的形态，数字技术和信息技术的应用为数字经济提供了个性化和定制化服务的可能性。数字经济中的服务和产品可以根据消费者的需求和偏好进行个性化定制，数字经济的发展也推动了生产方式和销售渠道的个性化和定制化发展，为消费者提供了更加便捷、多样化和个性化的消费体验。

个性化和定制化服务通过使用先进的技术手段，将产品和服务与用户的需求和偏好相匹配，实现更加个性化和定制化的体验。

个性化服务是指针对每个用户的需求和兴趣进行量身定制的服务，通过收集用户数据，分析用户需求和行为，为用户提供更加符合其需求的产品和服务。例如，互联网广告的个性化推送、个性化的健康管理、个性化的金融理财服务等。

定制化服务是指根据客户的需求和要求，提供针对性的产品和服务，满足客户定制化的需求和要求。定制化服务可以是基于已有产品的个性化改造，也可以是针对客户特定需求的定制化服务。例如，基于用户需求定制的服装、智能家居、汽车等。

个性化和定制化服务的实现，离不开数字技术和信息技术的支撑和应用。云计算、大数据、人工智能等技术的应用，为个性化和定制化服务的实现提供了强有力的支撑，实现了用户需求和服务提供之间的无缝对接和高效匹配。

个性化和定制化服务的实现，对企业和用户都有重要的意义。对企业而言，可以提高产品和服务的差异化和竞争力，增强用户黏性和忠诚度，为企业的品牌和市场竞争力带来积极的影响；对用户而言，可以获得更加符合自身需求和兴趣的产品和服务，提高消费体验和满意度。

个性化和定制化服务通过应用数字技术和信息技术，实现了产品和服务与用户需求之间的高效对接和匹配，为数字经济的发展注入了新的活力和动力，也带来了更好的用户体验，具有增加产品附加值、减少浪费、提高生产效率和促进创新转型等多重优势。

六、数字化消费和在线消费

数字经济的发展推动了数字化消费和在线消费的发展。数字化消费和在线消费具有消费渠道广、消费方式便捷、消费体验个性化和消费成本低廉的特点，改变了消费者的购物行为和消费习惯，也带来了新的商业机会和经济增长点。

数字化消费是指消费者使用数字技术和信息技术，通过互联网、移动应用和社交媒体等平台进行购物和消费的行为。消费者可以通过手机、平板电脑、台式电脑等设备随时随地浏览商品信息、下订单和支付，享受便捷的、个性化的消费体验。数字化消费不仅改变了消费者的购物方式，也促进了商品和服务的数字化和智能化，为商家和消费者带来了更多的商业机会和经济效益。

在线消费是指消费者通过互联网等在线平台进行购物和消费的行为，与传统的线下消费模式相对应。在线消费通过互联网等在线平台，为消费者提供更加便捷和多元化的购物体验，消费者可以随时随地访问商家的网站，浏览商品信息，并在线支付。同时，在线消费带来了更加优惠的价格、更广泛的选择和更加个性化的服务。

数字化消费和在线消费的出现和普及，对经济社会发展产生了深刻影响。数字化消费和在线消费改变了传统的商业模式和营销方式，促进了商品和服务的数字化、智能化和定制化，也推动了电商、物流、支付等相关产业的快速发展。数字化消费和在线消费也为消费者带来了更加便捷、高效、个性化的消费体验，促进了消费者消费能力和消费意愿的提升，进一步推动了经济增长和就业增加。

综上所述，数字经济的特征对消费市场的发展产生了重要影响。数字技术和信息技术的应用为居民带来了更加便捷、多样化和个性化的消费方式和渠道，使得消费市场变得更加开放和全球化。数字经济的特征还为居民消费升级提供了新的方向，其中，推动消费品质的提升、推动消费个性化和定制化、推动消费的多元化和创新化、推动消费的绿色化和健康化是重要的方向，可以通过加强数字技术和信息技术的应用和研发、推动数字经济与实体经济的协同发展、加强消费市场监管和保护消费者权益等方式来实现。

第三节　数字经济的兴起与发展

数字经济的兴起得益于信息技术的发展、互联网的普及、移动终端的普及、物联网技术的应用和大数据技术的出现。随着数字技术和网络技术的不断发展，数字经济已经成为全球经济发展的新引擎，推动着全球经济的转型升级。

数字经济的兴起和发展是全球经济发展的重要趋势。数字经济对于经济增长、创造就业、产业升级和社会变革等方面有着巨大的影响。数字经济的发展也成为全球竞争的重要战略目标。近年来，许多国家都将数字经济作为促进经济增长和提高国家竞争力的重要手段和目标，积极制定数字经济发展战略，加大数字经济产业的投资和扶持力度，推动数字技术与传统产业的深度融合，打造数字化经济体系和数字化社会。

数字经济的兴起与发展是一种全球化的趋势。自 20 世纪 90 年代开始，数字技术和信息技术的应用逐渐渗透各个领域，催生了数字经济的发展。数字经济的发展经历了三个阶段：网络化经济阶段、数字化经济阶段和智能化经济阶段。

一、网络化经济阶段

网络化经济阶段是数字经济发展的起始阶段，该阶段以互联网技术的应用和电子商务的兴起为主要标志。20 世纪 90 年代初期，全球互联网迅速普及，各类电子商务和在线交易逐渐兴起。电子商务通过互联网平台为消费者提供商品和服务，改变了传统的购物方式和商业模式，加速了信息化和数字化的进程。同时，该阶段涌现出一批互联网公司，它们成为数字经济的代表性企业，推动了数字经济的发展。

网络化经济阶段是数字经济发展的一个重要阶段，它是在数字化和信息化阶段的基础上，通过互联网和移动互联网等网络技术的广泛应用和普及，实现了生产、流通、营销、服务和管理等方面的全面网络化。

网络化经济阶段主要表现在四个方面，如图 1-3 所示。

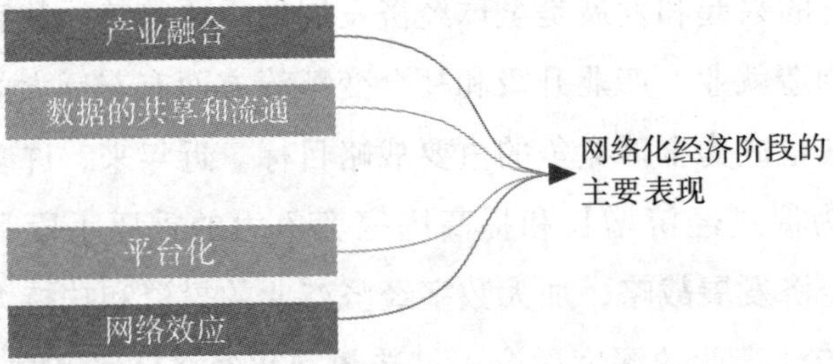

图 1-3　网络化经济阶段的主要表现

（一）产业融合

随着科技创新的推动，全球经济正经历着深刻的变革。在这一过程中，各个产业之间的边界逐渐消失，产业之间的融合加强，形成了更为复杂和多样化的产业生态系统。这种产业融合为经济发展带来了无限可能，激发了创新和创造力，推动着数字经济的持续繁荣。

物联网、智能制造、数字医疗、智能交通等新兴产业，为数字经济的发展提供了新的增长点和动力。这些产业不仅推动了科技创新、提高了生产效率，还为社会发展带来了实实在在的利益。例如，物联网技术的广泛应用，使得各种物品和设备之间能够实现实时互联，为智能生活、智能城市的建设提供了基础。智能制造则利用先进的信息技术和自动化设备，改进生产流程、提高生产效率、降低生产成本，为实现可持续发展提供了支持。数字医疗领域的突破，通过大数据、人工智能等技术手段，提高了诊断的准确性，降低了医疗成本，提高了患者的生活质量。智能交通则利用信息技术和数据分析技术，提高了道路安全性、交通效率和出行便利性，使得城市交通变得更加智能、环保和高效。

这些产业的蓬勃发展与创新，促使各领域企业加强合作，实现跨界融合，以求更好地满足市场需求。通过产业链的整合，企业可以优化资源配置，降低运营成本，增强市场竞争力。

在产业融合背景下，企业之间的竞争不再局限于单一领域，而是涉及多个产业。因此，企业需要加强战略布局，实现多元化发展。通过开发创新产品、拓展市场渠道、提升服务品质等方式，进一步提高企业核心竞争力。

人才成为产业融合和发展中的关键要素。面对多样化的产业生态系统，企业需要拥有一支具备跨领域知识和技能的团队。因此，企业应加大对人才的投入和培养，培养具备创新精神、技术能力和市场敏感度的专业人才。同时，高校和社会组织也要积极培养人才，为产业融合和发展提供强有力的人力支持。

（二）数据的共享和流通

数据成为数字经济的核心资源和要素，数据的共享和流通成为数字经济发展的重要特征。各个企业、机构和个人通过互联网和移动互联网等平台实现了数据的共享和流通，促进了数字经济的快速发展和创新。

（三）平台化

随着互联网和移动互联网的迅猛发展，平台化成为数字经济的重要特征之一。各种平台化模式应运而生，包括电商平台、共享平台、社交媒体平台等。这些平台的出现和发展极大地推动了数字经济的快速发展和创新，为企业和个人提供了新的商业机遇和发展空间。

电商平台打破了传统的销售渠道和供应链的限制，使得企业和消费者能够直接进行交易，降低了交易成本和时间。这种线上交易模式不仅方便了消费者，还使中小企业有了更多的发展机会。通过利用电商平台，企业能够更有效地开拓市场，提高自身竞争力。

共享平台的出现，颠覆了传统的出行方式。共享经济将闲置资源利用起来，提高了资源利用效率，为用户带来了便利。这种模式在其他领域也取得了成功，如共享住宿、共享单车等。共享平台不仅提高了人们的生活质量，还降低了资源浪费，促进了可持续发展。

社交媒体平台已经成为人们日常生活中不可或缺的一部分。它们为人们提供沟通、娱乐、获取信息等功能，满足了人们的多元化需求。同时，社交媒体平台也成为企业宣传和营销的重要渠道，可以帮助企业更好地与消费者进行互动，提高品牌知名度。

（四）网络效应

网络效应作为数字经济的重要特征，随着数字经济的发展会越来越明显。

网络化经济阶段是数字经济发展的重要阶段，它通过互联网和移动互联网等网络技术的应用和普及，实现生产、流通、营销、服务和管理等方面的全面网络化。

二、数字化经济阶段

数字化经济阶段是数字经济发展的第二阶段，该阶段以大数据、云计算和物联网的应用为主要标志。随着数字技术和信息技术的不断进步和应用，各种数据源的不断增加和数据处理能力的不断提升，数字化经济逐渐成为新的经济增长点。大数据分析和应用、云计算服务、物联网技术的应用成为数字经济发展的重要驱动力，数字经济的服务领域逐渐扩展和多元化，涵盖智慧城市、智慧交通、智能制造等领域。数字化经济阶段，数字经济开始从单一的互联网交易转变为智能化、数字化的服务经济，数字经济也逐渐成为全球经济的新引擎。

数字化经济阶段是数字经济发展的一个重要阶段，它在信息化阶段的基础上，通过数字技术的广泛应用和普及，实现了生产、流通、营销、服务和管理等方面的数字化。

数字化经济阶段主要表现在以下几个方面。

（一）生产数字化

生产数字化是数字经济发展的核心驱动力之一，它通过不断引入和应用先进的数字技术，对生产过程进行优化和创新。生产数字化主要包括数字化设计、数字化工艺、数字化制造等方面，这些方面的数字化应用能够大幅提高生产效率和产品质量，降低生产成本，进一步推动数字经济的发展。生产数字化包括以下几点。

1. 数字化设计

数字化设计利用计算机辅助设计和建模软件，实现设计过程的数字化，使设计师能够更直观地呈现和修改设计方案。此外，数字化设计还可以通过仿真技术预测产品性能，优化设计，减少设计迭代的次数，降低成本。通过数字化设计，企业可以更快地将创意转化为产品，加快新产品的推出速度。

2. 数字化工艺

数字化工艺是指利用信息技术和智能技术对生产工艺进行优化和改进，实现生产过程中数据的实时采集、传输和分析。这些技术可以提高生产过程中的自动化程度，降低人工操作的错误率，提高生产效率。此外，数字化工艺还可以通过大数据分析、人工智能等技术实现生产过程的智能优化，使生产更加高效和灵活。

3. 数字化制造

数字化制造涵盖了整个生产过程，包括数字化设备、数字化生产线、数字化仓储管理等。例如，工业 4.0 中的智能制造系统和物联网技术可以实现设备之间的无线通信和数据交换，提高生产线的自动化和智能化程度。数字化仓储管理通过传感器、射频识别等技术实现实时库存监控，优化库存管理。数字化制造有助于降低生产过程中的浪费，提高产品质量和产能。

生产数字化在各个产业领域都有广泛应用，无论是传统制造业还是现代服务业，生产数字化都在不断改变着企业的生产方式和竞争格局。通过生产数字化，企业可以降低生产成本、提高生产效率和产品质量，从而在数字经济时代实现可持续发展。在生产数字化的推动下，数字经济将继续蓬勃发展，为社会和经济带来更多的机遇。

（二）流通数字化

随着数字技术的发展，流通环节逐步实现数字化，涵盖了电子商务、物流和供应链等方面。流通数字化能够实现线上线下的无缝衔接，大幅提高流通效率和服务质量，进而促进数字经济的快速发展。

电子商务通过互联网实现商品的线上交易，打破了传统交易模式的时间和空间限制，为消费者提供了便捷的购物体验。随着移动支付、大数据分析等技术的应用，电子商务平台可以实现个性化推荐、精准营销等功能，进一步提升用户体验。此外，电子商务还为中小企业提供了更广阔的市场空间和营销渠道，推动了产业链的升级和优化。

数字技术在物流领域的应用带来了显著的效率提升。通过智能仓储、无人配送、物流信息平台等技术，实现物流过程中的实时监控和数据分析，有效降低了物流成本，提高了配送速度。此外，物联网、大数据等技术的应用还有助于实现物流行业的绿色发展，减少能源消耗和环境污染。

数字化供应链整合了供应链上下游的信息，通过实时数据分析，实现了供应链的高效协同。通过云计算、区块链、人工智能等技术，企业可以实现供应链的可视化管理，降低库存风险，提高生产计划的准确性。数字化供应链还有助于企业实现多元化采购，缩短供应链响应时间，提升市场竞争力。

流通数字化为数字经济的发展提供了强大的支撑。通过电子商务、物流和供应链的数字化，企业可以实现流通过程的高效运作，为消费者提供更优质的服务，进而创造更大的市场价值。在流通数字化的推动下，数字经济将继续快速发展，为产业创新和社会进步提供源源不断的动力。

（三）营销数字化

随着数字技术的广泛应用，营销方式也实现了数字化，涵盖了数字营销、社交媒体营销、搜索引擎营销等方面。营销数字化利用数据和技术手段，提高营销活动的针对性和有效性，为数字经济的发展提供了强大动力。

数字营销是一种基于互联网、移动互联网等数字化渠道进行的营销方式。它利用大数据、人工智能等技术，对消费者行为和需求进行深入分析，实现精准的营销策略和营销内容定制。通过数字化手段，企业可以实现广告投放的高效率和低成本，提高品牌知名度和市场份额。

社交媒体营销是利用社交网络平台、即时通信工具等社交媒体渠道进行的营销活动。借助社交媒体的互动性和传播性，企业可以与消费者建立紧密的联系，了解他们的需求和反馈，实现营销信息的迅速传播和品牌效应的放大。此外，社交媒体营销还可以结合短视频、直播等形式，提高营销内容的吸引力和趣味性。

搜索引擎营销是通过搜索引擎平台对企业网站或产品进行推广的一种营销方式。企业可以通过关键词优化、付费点击广告等手段，提高网站的搜索排名和曝光度，从而吸引潜在客户。搜索引擎营销的优势在于具有很高的针对性，可以精准地将营销信息推送给具有购买意愿的用户，提高转化率。

营销数字化不仅可以实现营销活动的精准推广和效果监测，还可以为企业提供大量有价值的用户数据，为产品研发和市场策略的调整提供重要参考。在数字经济时代，企业通过营销数字化手段，可以更好地把握市场动态，迅速调整营销策略，以应对日益激烈的市场竞争。

营销数字化的发展不仅推动了数字经济的高速增长，也为传统产业的转型升级注入了新的活力。

（四）服务数字化

随着数字技术在各领域的广泛应用，服务方式也实现了数字化，包括在线客服、在线售后服务等。服务数字化提高了服务质量和效率，满足了消费者个性化需求，为数字经济的发展提供了有力支持。

在线客服系统通过互联网和移动互联网平台，提供实时、便捷的客户服务。利用人工智能、自然语言处理等技术，企业可以实现机器人客服和智能导航功能，快速响应用户咨询，提高客户满意度。在线客服还能够收集大量的用户反馈数据，帮助企业优化产品和服务，提升市场竞争力。

数字技术的应用也使得售后服务实现了在线化。通过智能设备、远程诊断等技术，企业可以实时监测产品运行状况，提前预警故障，为用户提供迅速、准确的售后服务。此外，企业还可以通过线上教程、视频教学等形式，帮助用户更好地使用和维护产品，保障用户体验。

服务数字化还体现在个性化服务的提供上。企业可以利用大数据、人工智能等技术，分析消费者的喜好、行为特征和购买记录，实现个性化推荐和定制服务。这种服务方式有助于满足消费者多样化、个性化的需求，提高客户满意度和忠诚度。

三、智能化经济阶段

智能化经济阶段是数字经济发展的第三阶段，该阶段主要以人工智能、区块链、5G 等技术的应用为主要标志。智能化经济阶段是数字经济的未来发展方向，数字经济将成为智能化经济的重要组成部分。人工智能技术、区块链技术、5G 技术等将成为数字经济发展的重要驱动力，数字经济的服务领域将进一步扩展和深化。智能化经济阶段将进一步提高数字经济的智能化、精细化水平，推动数字经济向更高层次和深度发展。

智能化经济阶段是数字经济发展的一个重要阶段，它是在数字化经济阶段的基础上，通过人工智能、物联网、大数据等技术的广泛应用和普及，实现生产、流通、营销、服务和管理等方面的智能化。

智能化经济阶段主要表现在以下几个方面。

（一）生产智能化

在智能化经济阶段，生产过程实现智能化，包括智能制造、智能物流等。生产智能化可以提高企业生产效率和质量，降低生产成本，提升竞争力，进一步推动数字经济的发展。

生产智能化是在生产过程中，通过运用现代信息技术、人工智能、物联网等技术手段，实现生产自动化、智能化和柔性化的一种生产方式。

生产智能化主要表现在以下几个方面。

1. 智能制造

智能制造是生产智能化的核心内容，它利用计算机技术、机器人技术、传感器技术、云计算技术等，实现生产过程的自动化、智能化和柔性化。智能制造可以实现个性化定制，具有生产周期短、成本低、质量高等优势。通过智能制造，企业能够更快地响应市场需求变化，提高生产效率和产品质量，降低生产成本。

2. 工业互联网

工业互联网是指将工厂内部的生产设备、仓储设施、物流系统等通过物联网技术连接起来，实现数据的实时采集、分析和优化，从而提高生产效率、降低能耗、提升设备利用率。工业互联网可以实现生产过程的可视化、可控制化，帮助企业实现生产智能化。

3. 数字孪生

数字孪生是一种通过虚拟模型模拟实际生产过程，实现对生产过程的实时监控、分析和优化的技术手段。通过数字孪生，企业可以在生产前进行模拟和优化，以提高生产效率和质量。同时，数字孪生技术可以帮助企业实现远程故障诊断和预测性维护，提高设备的利用率和寿命。

4. 柔性生产线

柔性生产线是一种能够根据市场需求变化，调整生产任务和生产方式的生产线。柔性生产线采用模块化设计，能够快速地实现生产任务切换、设备重组和生产参数调整。通过柔性生产线，企业可以在短时间内实现生产任务的调整，满足市场的个性化和多样化需求。

5. 人机协作

人工智能和机器人技术的发展为人机协作提供了可能。通过人机协作，企业可以实现人与机器之间的高效协同工作，发挥人类的创造性和机器的稳定性优势，提高生产效率和准确性。人机协作不仅包括生产工人与机器人的协作，还包括工程师、设计师等与智能设计软件、数据分析工具等的协作，能够实现生产过程中的创新和优化。

6. 智能仓储与物流

智能仓储与物流是生产智能化的重要组成部分。通过采用自动化仓储系统、无人搬运设备、智能货架等技术，企业可以实现仓储和物流过程的自动化、智能化和精细化。智能仓储与物流可以提高货物存储和搬运的效率，降低仓储成本，提高库存管理的准确性。

7. 智能质量管理

质量管理的智能化也尤为重要。通过采用图像识别、传感器技术、大数据分析等手段，企业可以实现对生产过程中质量问题的实时监控、预警和处理。智能质量管理有助于提高产品质量，降低产品质量问题带来的风险。

8. 智能能源管理

智能能源管理是指通过运用物联网、大数据、云计算等技术手段，实现对企业能源消耗的实时监测、分析和优化。智能能源管理可以帮助企业降低能源消耗，提高能源利用效率，实现绿色生产和可持续发展。

9. 数据驱动决策

企业通过对生产过程中产生的大量数据进行分析和挖掘，可以发现生产过程中的问题和机会，为生产决策提供有力支持。数据驱动决策有助于提高生产效率，降低生产成本，实现生产过程的优化和创新。

10. 产业链协同

产业链上的企业通过信息共享、协同制造、供应链整合等手段实现产业链协同。产业链协同可以提高整个产业链的生产效率，降低成本，提高市场响应速度，为生产智能化提供有力支持。

生产智能化在智能化经济阶段具有重要意义，它涵盖了智能制造、工业互联网、数字孪生、柔性生产线、人机协作、智能仓储与物流、智能质量管理、智能能源管理、数据驱动决策以及产业链协同等多个方面。生产智能化不仅可以帮助企业提高生产效率、降低生产成本、提高产品质量，还可以促进产业链上的众多企业实现协同和共赢，提高整个产业链的竞争力。

随着全球竞争日益激烈，生产智能化已成为企业和产业界追求的目标。为实现生产智能化，企业需要在技术、管理、人才等多方面进行投入和改进。首先，企业需要引进先进的自动化、智能化技术和设备，提升生产过程中的自动化和智能化水平。其次，企业需要加强对员工的培训，使其能够更好地适应智能化生产环境。最后，企业需要优化管理体系，建立数据驱动的决策机制，提高生产过程中的信息化水平。

相关政策和措施要支持智能制造、工业互联网等关键技术的研发和应用，致力培育产业生态，推动产业链协同。此外，企业需要加大对人才培养的投入，提高员工素质，为生产智能化提供有力的人力支持。产业界需要加强合作，共同推动技术创新和应用，实现产业链上的协同和共赢，为生产智能化的发展创造有利条件。

生产智能化是智能化经济阶段的重要特征，它将对企业和产业的发展产生深远影响。实现了生产智能化，产业和企业将能够更好地应对市场变化，提高竞争力，实现可持续发展。在未来的智能化经济阶段，生产智能化将持续成为产业发展的关键驱动力，推动经济向更高层次和深度发展。

（二）流通智能化

流通智能化在数字经济中扮演了至关重要的角色。随着技术的不断发展，流通领域的各个环节也在逐步实现智能化，包括智能仓储、智能物流、智能供应链管理等方面。这些变革不仅提高了流通效率、降低了成本，还提高了整体服务质量，为数字经济发展提供了有力支持。

智能仓储是利用现代信息技术、物联网技术、自动化设备等手段，对仓库的货物存储、管理和分发等各个环节实现智能化管理。通过利用智能化仓储系统，企业可以实时掌握库存信息、提高库存周转率，进而减少库存成本，提高对市场需求的响应速度。

智能物流是指在物流运输、配送、仓储管理等环节，利用大数据、云计算、人工智能等技术手段，对物流资源进行高效配置和整合，实现物流运作的自动化和智能化。智能物流可以有效提高物流运输的准时性和准确性，降低物流成本，提高企业竞争力。

智能供应链管理是指通过数字技术与人工智能技术对供应链各环节进行优化和整合，提高供应链管理的效率和灵活性。智能供应链管理可以帮助企业实现更精确的需求预测、更灵活的库存管理和更准确的物流配送。

流通智能化的发展为消费者带来了更加便捷、高效的消费体验。通过流通智能化，企业可以更快地响应市场需求，提供个性化、定制化的产品和服务。同时，流通智能化还有助于降低企业运营成本，提高资源利用率，实现可持续发展。

总之，流通智能化在数字经济阶段发挥着重要作用，为企业和消费者带来了诸多利益。未来随着科技的不断进步，流通智能化将会进一步发展，为数字经济的快速发展提供更加强大的支持。

（三）营销智能化

智能化经济阶段的营销方式不仅是传统营销方式的发展与变革，还涉及新的技术和手段的广泛应用，如大数据、人工智能、机器学习、物联网等技术。营销智能化以智能化广告、智能化客户关系管理、智能化内容创作等多个方面为企业提供了更加精准、高效的营销手段，为数字经济的发展提供了新的动力。

营销智能化主要表现在以下几个方面。

1. 智能化广告

通过利用大数据、人工智能和机器学习技术，广告投放变得更加精准，能够根据消费者的行为和兴趣定向投放。这种智能化广告可以提高广告投放的转化率，降低广告成本，提高企业的营销效果，还可以为消费者提供更加个性化的广告内容，增强用户体验。

2. 智能化客户关系管理

借助现代信息技术，企业可以实时了解客户的需求、行为和喜好，从而实现更加精准的客户关系管理。智能化客户关系管理系统可以帮助企业实现对客户信息的整合和管理，提高客户满意度，增强客户忠诚度，为企业创造更多的价值。

3. 智能化内容创作

在营销过程中，内容创作是至关重要的一环。通过利用人工智能和机器学习技术，企业可以实现智能化内容创作，为消费者提供更加丰富、有趣、高质量的内容。此外，智能化内容创作还可以实现内容的个性化定制，满足不同消费者的需求，提高内容的传播效果。

4. 智能化营销策略

基于大数据和人工智能技术，企业可以对市场进行实时分析，从而制定更加精准、高效的营销策略。这种智能化营销策略可以帮助企业快速适应市场变化，抓住市场机遇，提高竞争力。

5. 智能化社交媒体营销

借助智能化技术，企业可以更加精准地分析社交媒体上的消费者行为和喜好，实现更有效的社交媒体营销。此外，通过智能聊天机器人等技术手段，企业还可以提供更加便捷、高效的客户服务，提高消费者满意度和忠诚度。

6. 智能化销售预测与定价策略

借助大数据和机器学习技术，企业可以进行更精确的销售预测，从而优化生产、库存和物流等各个环节。此外，智能化定价策略可以帮助企业根据市场需求和竞争状况实时调整价格，提高利润。

7. 智能化产品推荐

通过对消费者行为和喜好的深入了解，企业可以实现智能化产品推荐，为消费者提供更加个性化、定制化的购物体验。这种智能化产品推荐可以提高消费者的购买转化率，增加企业的销售额。

8. 智能化客户数据分析

利用大数据、人工智能和机器学习技术，企业可以对客户数据进行深入分析，洞察消费者需求和行为特征，为营销策略制定提供有力支持。智能化客户数据分析有助于企业优化营销策略，提高市场竞争力。

9. 智能化渠道管理

借助智能化技术，企业可以实现线上线下渠道的整合和优化，提高渠道管理效率。智能化渠道管理有助于企业实现多渠道营销，拓展市场份额，提高品牌知名度。

10. 智能化虚拟助手

利用人工智能技术，企业可以为消费者提供智能化虚拟助手服务，实现快速、准确的客户咨询、问题解答，提高消费者的购物体验和满意度。

在智能化经济阶段，智能化营销已经成为企业发展的关键驱动力。随着科技的不断进步，智能化营销将会进一步发展，为企业和消费者带来更多价值和便利。

（四）服务智能化

服务领域的智能化发展已经成为趋势。企业和机构通过应用先进的技术手段，如人工智能、大数据、物联网等技术，实现服务流程的智能化。这些智能化服务包括智能客服、智能售后服务、智能医疗、智能教育等多个方面，为消费者提供了更高质量和效率的服务，满足了客户的个性化需求，也为数字经济的发展提供了支持。

1. 智能客服

通过运用人工智能和自然语言处理技术，智能客服可以实时响应消费者的咨询问题，提供有效的解决方案。智能客服具有响应速度快、服务时间长、负载能力强等优点，能够提高消费者的满意度，降低企业的客户服务成本。

2. 智能售后服务

借助大数据、云计算和物联网技术，智能售后服务能够实时收集和分析产品使用情况和故障信息，提供远程诊断和解决方案。这种智能售后服务可以缩短维修时间，提高服务效率，满足消费者的个性化需求。

3. 智能医疗

智能医疗依托大数据、人工智能和生物信息技术，为预防、诊断和治疗疾病提供智能化解决方案。智能医疗可以实现远程诊断、个性化治疗方案推荐、病例分析等功能，能够提高医疗服务质量和效率，降低医疗成本。

4. 智能教育

智能教育利用大数据、人工智能和虚拟现实技术，为学生提供个性化、智能化的学习体验。智能教育可以实现学习资源的智能推荐、学习进度的智能管理、学习效果的智能评估等功能，提高教育质量和效率。

5. 智能出行

智能出行为消费者提供了更加便捷、安全、节能的出行方式。智能出行可以实现实时路况信息推送、智能导航、自动驾驶等功能，提高了用户的出行体验。

6. 智能餐饮

智能餐饮为消费者提供了更加个性化、高效的餐饮体验。智能餐饮可以实现菜品推荐、智能点餐、自动化配餐等功能，提高餐饮服务质量和效率，降低企业成本。

7. 智能零售

智能零售通过运用大数据、人工智能、物联网和虚拟现实等技术，实现商品推荐、智能货架、无人收银等功能，提供更便捷、个性化的购物体验。智能零售可以提高购物效率，优化库存管理，降低企业运营成本。

8. 智能家居

智能家居通过利用物联网、人工智能和云计算技术，为消费者提供更加舒适、便捷、节能的生活方式。智能家居可以实现远程控制、智能安防、能源管理等功能，提高用户居住体验和安全性。

9. 智能金融

借助大数据、人工智能和区块链技术，智能金融为消费者提供了更加便捷、安全、高效的金融服务。智能金融可以实现智能投资建议、风险评估、信贷审批等功能，提高金融服务质量和效率，降低企业风险。

10. 智能政务

智能政务通过运用大数据、人工智能、云计算和物联网等技术，实现政务服务的智能化、便捷化。智能政务可以提供在线办事、数据共享、政策推送等功能，提高政务服务质量和效率，降低企业成本。

在智能化经济阶段，服务领域的智能化已经成为趋势，涉及生活的各个方面，为消费者提供了更高质量和效率的服务，满足了用户的个性化需求。这些智能化服务也为数字经济的发展提供了支持，将进一步推动经济的快速发展。随着科技的不断进步，服务领域的智能化将会进一步发展，为企业和消费者带来更多的价值和便利。

智能化经济阶段是数字经济发展的重要阶段，它通过人工智能、物联网、大数据等技术的广泛应用和普及，实现了生产、流通、营销、服务和管理等方面的智能化，为数字经济的快速发展和不断创新注入了新的动力和活力，推动数字经济向着更高的水平发展。

在全球范围内，数字经济的发展呈现出快速增长的趋势。数字经济已成为全球经济发展的重要支柱，对促进经济增长、提高就业水平、推动创新发展、优化产业结构等方面具有重要的意义。

随着互联网技术和数字技术的不断应用和普及，我国数字经济在过去的几年中呈现出了快速发展的态势。根据《数字中国发展报告（2022）》，2022 年我国数字经济规模达 50.2 万亿元，占国内生产总值比重提升至 41.5%。同时，我国数字经济的增长速度也非常迅猛，预计到 2025 年，数字经济规模将达到 60 万亿元。数字经济的快速发展不仅推动了我国经济的增长，还促进了我国与世界各国的数字合作，推动了全球数字经济的发展。在数字经济的浪潮中，我国将继续加强数字经济建设，推动数字经济高质量发展。

数字经济的发展对于我国经济发展和消费升级也具有重要的意义。数字经济的发展推动了我国经济的转型和升级，将成为主要新增长点，也为消费升级提供更多的机遇和挑战。数字经济的发展也加速了我国传统产业的升级和转型，推动了产业的数字化、智能化、平台化和协同化发展。

数字经济的兴起和发展是全球经济的趋势，也是中国经济的新动能。数字技术和信息技术的应用将推动数字经济的不断创新和发展，为经济增长和消费升级提供新的机遇和挑战。

第四节　我国发展数字经济的重要意义

数字经济的快速发展和普及已经成为全球范围内的一种趋势，数字经济对于经济和社会的发展具有重要的意义。对我国来说，发展数字经济在促进经济转型和升级、推动创新驱动发展、加快消费升级等方面具有重要的意义。

一、促进经济转型和升级

近年来，在我国经济高质量发展中，数字经济为经济转型和升级提供了新的机遇和动力。数字经济可以通过创新、升级传统产业，推动产业数字化、智能化和平台化发展，实现产业升级和转型。数字经济也可以通过新的商业模式和消费方式，促进经济转型和升级，如图 1-4 所示。

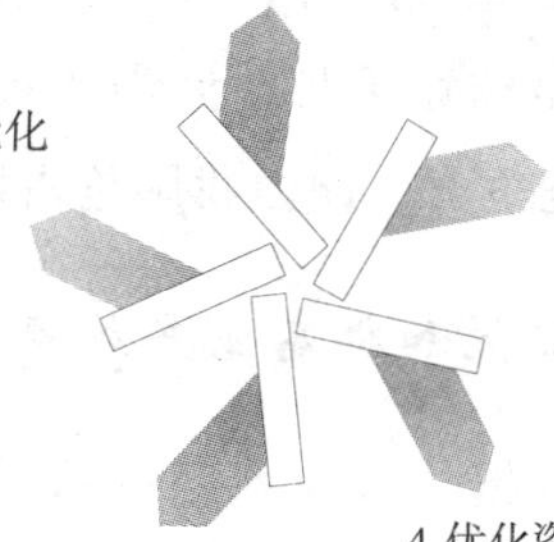

图 1-4 数字经济促进经济转型和升级的几个方面

（一）推动产业数字化、智能化和平台化发展

数字经济通过引入大数据、云计算、人工智能、物联网等先进技术，为传统产业带来了数字化、智能化和平台化的新模式。这些技术可以帮助传统产业实现生产自动化、精细化管理，提高生产效率和降低成本。此外，数字技术还可以促进产业融合、跨界合作和产业链整合。例如，制造业可以借助物联网技术实现智能化生产，降低生产成本，提高产品质量。

（二）创新商业模式和消费方式

数字经济推动了新型商业模式的出现，如共享经济、电子商务、在线教育、远程医疗等。这些新型商业模式可以为消费者带来更多的便利，满足消费者多样化、个性化的需求。同时，新型消费方式，如移动支付、跨境电商等，也为经济增长提供了新的动力。通过创新商业模式和消费方式，可以推动经济高质量、可持续增长。

（三）提高产业附加值和竞争力

数字经济的发展可以提高产业附加值，从而增强企业的竞争力。

通过数字技术的应用，企业可以更好地满足市场需求，降低生产成本，提高产品质量和品牌形象。此外，数字技术还可以帮助企业发掘新的市场和商业机会。在全球竞争日益激烈的环境下，数字经济的发展将有助于提升我国产业竞争力，助力我国抢占国际市场份额。

（四）优化资源配置和提高生产效率

数字经济通过大数据、云计算等技术手段，可以实现对资源和信息的实时收集、分析和处理，从而优化资源配置，提高生产效率。数字经济可以帮助企业实现智能化生产和供应链管理，降低生产成本，提高生产效率。数字经济还可以提供决策支持，优化政策制定和执行流程，推动经济的高质量发展。

（五）培育新的经济增长点

随着数字经济的发展，新兴产业和创新型企业不断涌现，成为经济增长的新引擎。例如，人工智能、大数据、物联网、区块链等技术产业的快速崛起，带动一系列新的产业链和商业模式的发展。数字经济也有助于推动传统产业的升级和转型，培育出更多的新兴产业和新的经济增长点，为经济的可持续发展打下更加坚实的基础。

数字经济的发展将深刻地改变人们的生产方式和生活方式，为经济发展提供更多的机遇和挑战。推动产业数字化、智能化和平台化发展，创新商业模式和消费方式，提高产业附加值和竞争力，优化资源配置和提高生产效率，培育新的经济增长点，都是数字经济发展的重要方向，也是推动经济高质量发展的重要手段。

二、推动创新驱动发展

数字经济是以技术为基础的经济形态，强调科技创新和技术应用。

数字经济的发展需要不断创新和发展新技术、新产品和新服务，推动数字技术和信息技术与产业深度融合，进而推动创新驱动发展。

（一）加大科技创新投入力度

推动数字经济的发展需要加大科技创新投入力度，加速科技成果转化和应用。企业应增加对数字经济相关技术研发的资金支持，加强技术创新和人才培养，推动基础研究和前沿技术的突破。

（二）推动数字技术与产业深度融合

数字经济的发展需要数字技术与产业的深度融合，促进产业升级和转型。应加强数字经济与各产业的对接，推动数字技术在各行业中的广泛应用和创新，推动数字经济高质量发展。同时，企业应加强自身数字化建设和数字化转型，拓展数字经济发展的新空间。

（三）推动数字人才培养和引进

数字经济的发展需要大量的高素质人才支撑，应加强对数字人才的培养和引进，提高数字人才的素质和技能。企业应设立自身的人才引进和培养机制，提高数字化人才的数量和质量，应注重培养跨学科的综合型人才，促进数字技术与各产业的深度融合。

（四）加强数字安全保障

数字经济的发展面临着安全风险和安全挑战，应加强数字安全保障，建立完善的数字安全体系，加强数字安全管理和防范措施。企业应重视自身数字安全意识和数字安全保障能力的提升，保障数字经济的可持续发展。

数字经济的发展需要创新驱动，需要加大力度推动科技创新和人才培养，加强数字技术与产业的深度融合，注重数字安全保障和建立数字生态系统。这些措施将有助于推动数字经济的快速发展和创新驱动发展的深入，进一步提升我国经济的核心竞争力。同时，数字经济的快速发展会带来更多的机遇和挑战，需要在推动数字经济发展的同时加强管理，建立健全的数字经济治理体系，确保数字经济的可持续发展。

三、加快消费升级

随着我国经济的发展和人民生活水平的提高，消费者对产品和服务的需求发生了变化，转向品质化、个性化、定制化、智能化和绿色可持续等。数字经济的发展可以满足这些需求，通过提供更多高品质、智能化、定制化、绿色可持续的产品和服务，加快消费升级。加快消费升级的五个方面如图 1-5 所示。

图 1-5　加快消费升级的五个方面

（一）拓展数字化消费领域

数字经济的发展可以带来更多的数字化消费领域，如在线购物、移动支付、共享经济、在线教育、数字化旅游等。数字经济的快速发展，需要更多的优惠政策支持，以满足人民日益增长的美好生活需要。企业也应加强自身数字化建设和产品升级，提供高品质、定制化和智能化的产品和服务。

（二）注重产品品质和服务质量

数字经济的发展需要注重产品品质的提升和服务质量的改善。通过加强对消费者权益的保护和监管，促进企业提高产品和服务的质量，提高消费者的信心和满意度。企业也应注重自身品质的控制和服务质量的提升，建立健全的质量管理体系和客户服务体系。

（三）推动消费个性化和定制化

数字经济的发展可以带来更多的消费个性化和定制化的产品和服务。我们应鼓励和支持企业加强定制化和个性化产品的研发和生产，满足消费者不同的需求和偏好。企业也应加强自身产品和服务的个性化和定制化，以提供更加符合消费者需求的产品和服务，增强企业的市场竞争力。

（四）推动消费绿色可持续发展

数字经济的发展需要注重消费绿色可持续发展，鼓励企业推出更加环保、节能、低碳的产品和服务，加强环保和可持续发展产品的研发和生产，推动消费绿色可持续发展。企业也应加强自身环保和可持续发展的建设，提供更加绿色可持续的产品和服务。

（五）加强数字消费文化建设

数字经济的发展需要加强数字消费文化建设，培养消费者的科学消费观念和理性消费习惯。我们应加强数字消费宣传和教育，推动数字消费文化的普及和发展，提高消费者的消费素质。企业也应加强消费者教育和文化建设，提高消费者对产品和服务的认知和理解，加强消费者与企业之间的互动和沟通，增强消费者的信任和忠诚度。

数字经济的发展可以加快消费升级，满足消费者不断增长的需求。加强数字经济的发展和数字消费文化的建设，推动消费品质的提升、服务质量的改善、个性化和定制化的发展、绿色可持续消费的推广，共同推动我国消费市场的发展和消费水平的提高。

四、推动区域发展和社会治理

数字经济的发展可以推动区域发展和社会治理。数字技术和信息技术的应用可以改善社会管理和公共服务，提高社会治理水平。数字经济也可以促进区域经济发展和城市建设，推动城市数字化、智能化和绿色化发展。

（一）加强数字基础设施建设

数字经济的发展需要有完善的数字基础设施支撑。通过加大数字基础设施建设的投入，提升数字基础设施的质量和普及程度，可以为数字经济和社会治理提供可靠的支撑。企业也应加强数字基础设施建设，提高数字技术和信息技术的应用水平。

（二）推动城市数字化和智能化发展

数字经济的发展可以推动城市数字化和智能化发展，提升城市的管理水平和服务质量。加强对城市数字化和智能化的引导和规划，可以提高城市数字化和智能化的水平和应用范围。企业也应加强与城市管理部门的合作，推动城市数字化和智能化建设，提供更加智能化、便捷的城市服务。

（三）优化公共服务体系

数字经济的发展可以优化公共服务体系，提高公共服务的效率和质量。公共服务体系的改革和创新，可以通过数字化手段提高公共服务的便捷性、精准度和普惠性来实现。企业也应为公共服务提供更加便捷、高效的数字化产品和服务。

（四）推进城乡一体化发展

数字经济的发展可以促进城乡一体化发展，缩小城乡数字化差距。通过加大对农村数字化和信息化建设的投入，可以提高农村数字化水平和信息化服务水平，促进城乡一体化发展。企业也应加强对农村数字化和信息化的支持和合作，提供更加适合农村需求的数字化产品和服务。

（五）加强社会治理创新

数字经济的发展可以加强社会治理创新，提升社会治理水平。通过数字技术和信息技术的应用，可以加强社会治理创新的引导和规划，提升社会治理的智能化和精细化水平。企业也应加强对社会治理创新的支持，为社会治理提供更加智能化、高效的数字化产品和服务。

数字经济的发展可以推动区域发展和社会治理，提升城市数字化、智能化和绿色化发展水平，优化公共服务体系，推进城乡一体化发展，加强社会治理创新。

五、推动国际合作和竞争力提升

数字经济的发展已经成为全球经济发展的趋势，也带来了国际竞争和合作的机遇和挑战。我国作为全球最大的互联网和移动互联网市场，数字经济发展为我国在国际经济合作和竞争中提供了重要的优势和机遇。数字经济的发展可以助力我国参与全球经济合作和竞争，提高我国的国际竞争力和影响力。

（一）推动数字化国际贸易

数字经济的发展可以推动数字化国际贸易，为我国企业在全球市场中拓展业务提供更多机会。企业也应加强数字化贸易能力的建设，提高数字化贸易的规模和水平。

（二）促进国际数字经济合作

数字经济的发展可以促进国际数字经济合作，加强我国与其他国家在数字经济领域的交流和合作。通过加强数字经济产业合作和人才交流，可以提高数字经济合作水平和质量。企业也应加强数字经济合作，拓展海外市场和合作伙伴。

（三）推动数字技术创新和产业升级

数字经济的发展需要促进数字技术的创新和应用，提高数字产业的规模和水平。企业也应推动数字技术创新和产业升级，提高数字技术应用能力和数字化转型水平，提高产业附加值和竞争力。

（四）加强知识产权保护

数字经济的发展需要加强知识产权保护，保护数字技术和数字产业的知识产权。企业应加强自身知识产权保护，提高知识产权管理水平，防范知识产权受到侵害。

（五）参与数字经济全球治理

数字经济的发展需要参与数字经济全球治理，促进数字经济的全球合作和发展。企业应加强数字经济全球治理的参与，为数字经济的全球发展做出贡献。

数字经济的发展可以推动我国参与全球经济合作和竞争，提高我国的国际竞争力和影响力。因此，要注重数字安全和信息安全，加强数字治理和信息治理，确保数字经济和数字化贸易的健康发展。只有在全球数字经济合作和治理中发挥更大的作用，才能使数字经济成为我国在国际竞争和合作中的重要优势。

数字经济的发展已经成为全球经济发展的趋势，也是我国经济转型和升级的重要方向。数字经济的快速发展将推动我国产业的数字化、智能化、平台化和协同化发展，推动我国经济的转型和升级。数字经济的发展也将为我国消费升级、创新驱动发展、区域发展和国际合作等方面提供重要的支持和动力。数字经济的发展需要政策和市场共同推动，为数字经济的健康可持续发展提供良好的环境和条件。数字经济的快速发展不仅能够推动我国经济的高质量发展，而且能够加快经济结构调整和转型升级，提高经济发展的自主创新能力和竞争力，推动我国经济走向高端化、智能化和绿色化。因此，发展数字经济已经成为我国的一项重要战略任务。

六、改善人民生活和促进社会进步

数字经济的发展可以改善人民生活和促进社会进步，为人民提供更多的消费选择和消费服务，推动社会信息化和数字化进程，提高社会生产力和社会效益，推动科技创新和人才培养。在数字经济背景下，我国发展数字经济的重要意义之一就在于改善人民生活和促进社会进步。

（一）提供更多的消费选择和消费服务

数字经济的发展可以丰富人们的生活方式和消费体验。通过数字技术和信息技术的应用，人们可以更加方便地获取商品和服务，满足自己的需求和偏好。例如，在线购物、移动支付、在线教育、远程医疗等数字化服务的出现，为人们提供了更多便捷、高效、个性化的消费选择和消费服务。

（二）推动社会信息化和数字化进程

数字经济的发展可以推动社会信息化和数字化进程，促进数字化和信息化的深度融合。数字化技术和信息技术的应用，可以改善社会管理和公共服务，提高社会治理水平。例如，通过数字技术实现环境保护、城市管理等，为人民提供更加高效、便捷的公共服务。

（三）提高社会生产力和社会效益

数字经济的发展可以提高社会生产力和社会效益，推动经济结构优化升级。数字技术和信息技术的应用，可以实现生产的自动化、精细化管理，提高生产效率、降低生产成本。此外，数字技术还可以促进产业融合、跨界合作和产业链整合，提高产业链的附加值和竞争力。

（四）推动科技创新和人才培养

数字经济的发展可以推动科技创新和人才培养，提高国家的科技创新能力和人才素质。数字经济对技术创新的需求十分迫切，需要不断研发，推出新技术、新产品和新服务。同时，数字经济的发展也需要大量的人才支撑，包括数字化人才、创新人才和管理人才等。

（五）改善人民生活和促进社会进步

数字经济的发展可以改善人民生活和促进社会进步。数字经济可以为人民提供更多的消费选择和消费服务，提高人民的生活质量。数字经济的发展也可以促进社会进步，推动经济高质量发展，促进经济结构优化升级，提高国际竞争力，加强社会治理和公共服务。数字经济的发展是一个全面的过程，需要企业和社会各方的共同努力，才能够取得更加显著的进展和成果。

数字经济的发展对我国的经济发展具有重要意义，是推动经济高质量发展和实现中华民族伟大复兴的重要战略举措。在数字经济的发展过程中，我们需要不断创新和发展新技术、新产品和新服务，加强数字化创新和人才培养，提高数字安全和信息安全，推动数字化国际贸易和数字经济合作，共同推动数字经济的健康发展。只有这样，才能够实现数字经济发展的战略目标，为我国的经济发展和社会进步做出更加重要的贡献。

七、推动智慧城市建设

数字经济的发展可以推动智慧城市建设，实现城市数字化、信息化和智能化发展，提高城市治理和服务水平，为城市的可持续发展提供支撑和保障。

（一）实现城市数字化、信息化和智能化发展

数字经济的发展可以为城市数字化、信息化和智能化发展提供支持和保障。数字技术和信息技术的应用可以实现城市信息资源的共享利用和集成，为城市智能化发展提供技术支持和基础设施。例如，城市物联网技术可以实现城市设施和相关设备的智能化管理，提高城市的安全性和便利性。城市智能交通系统可以提高城市交通的效率和安全性，减少交通拥堵和环境污染。数字经济的发展还可以促进城市可持续发展，推动城市的绿色化、低碳化和环保化。

（二）提高城市治理和服务水平

数字经济的发展可以提高城市治理和服务水平，实现精准管理和智能服务。数字化技术和信息技术的应用，可以实现城市管理和公共服务的精准化和智能化。例如，数字城市管理系统可以实现城市环境、交通、安全等问题的实时监控和预警，提高城市管理和治理的效率和水平。数字政务系统可以实现政务服务的数字化、在线化和智能化，提高政务服务的质量和效率。数字医疗系统可以提高医疗服务的质量和效率，为人民提供更加便捷、高效、贴心的医疗服务。

（三）为城市可持续发展提供支撑和保障

数字经济的发展可以推动城市经济结构优化升级和生态环境保护。数字经济可以促进城市创新和创业，推动城市产业升级和经济结构优化。数字经济的发展还可以提高城市能源利用效率，推动城市能源的清洁化和低碳化。数字经济还可以实现城市资源的共享和循环利用，推动城市的可持续发展。

（四）加强数字安全和信息安全保障

数字经济的发展需要加强数字安全和信息安全保障，保障城市数字化、信息化发展和智能化的安全和稳定。通过加强数字安全和信息安全的技术研究和人才培养，提高数字安全和信息安全的管理水平和技术能力。

（五）推动数字经济与城市发展的深度融合

数字经济与城市发展是相互促进、相互依存的关系。数字经济的发展需要城市的支持和保障，城市的发展也需要数字经济的推动和引领。企业应加强数字技术和信息技术的研发和应用，让人民受益于数字经济的发展，共享数字化、信息化和智能化带来的发展成果。

数字经济的发展可以推动智慧城市建设，实现城市数字化、信息化和智能化发展，提高城市治理和服务水平，为城市的可持续发展提供支撑和保障。数字经济与城市发展需要深度融合，共同推动数字经济和城市发展的有机结合，推动我国城市的数字化、信息化和智能化进程。

综上所述，数字经济的发展对我国具有重要意义。作为全球最大的互联网市场和移动支付市场，我国已经成为全球数字经济发展的领导者之一。数字经济对我国的作用越来越重要，已经成为支撑经济发展、推动结构升级、提高经济质量和效益的重要力量。数字经济的快速发展，也为我国创新发展、智能制造等带来了新的机遇和挑战。数字经济的发展将加速我国传统经济的转型，加速实现数字化、智能化和绿色化发展，促进我国经济高质量发展和产业升级。数字经济也将加速改变我国经济结构和社会结构，加强国际交流和合作，推动共建“一带一路”高质量发展，加快我国经济发展和全球化进程。

数字经济的发展给我国带来了许多新的机遇和挑战。一方面，数字技术的应用和数字经济的发展，将加速推动我国产业升级和转型，促进新业态、新模式、新业务的涌现，推动经济转型升级和新旧动能转换。另一方面，数字经济的快速发展也带来了一系列新的问题和风险，如网络安全、个人隐私保护、信息泄露等问题，需要加强相关监管，保障消费者的合法权益和消费安全。

为了加快数字经济的发展，我国采取了一系列积极措施来加强数字技术的研发和应用，加快数字化转型，打造数字化经济体系和数字化社会。其中，数字基础设施建设、数字产业发展和数字化转型是数字经济发展的三大重点领域。在数字基础设施方面，我国加快了 5G 网络建设和宽带网络覆盖，推动数字化基础设施的全面升级。在数字产业发展方面，我国鼓励创新创业，加强数字技术的研发和应用，培育数字产业生态系统，打造数字化经济体系。在数字化转型方面，我国鼓励各行各业加速数字化转型，推动数字技术与传统产业深度融合，加速推进数字化、智能化和绿色化发展。

未来，数字经济将继续快速发展，成为推动经济高质量发展和产业升级的重要引擎。随着数字技术的不断创新和应用，新的业态、新的模式、新的产品和新的服务将不断涌现，推动消费市场的升级和优化，增强消费者的消费体验和满意度，进一步推动消费升级，实现消费结构的优化和升级，为我国经济高质量发展注入新的活力和动力。

第二章　数字经济背景下消费市场的发展态势

数字经济的快速发展不仅对整体经济发展产生了重要影响，也推动了消费市场的变革和升级。在数字经济背景下，新生消费力量的出现、中老年消费群体的需求以及三、四线城市居民消费的扩容等方面呈现出了新的发展态势。

第一节 新生消费力量的出现

在数字经济背景下出现的新生消费群体逐渐成为消费市场中的重要力量。新生消费力量包括年轻的消费群体、新型城镇化人群、新兴中产阶层等，他们消费能力强、消费观念新、消费方式特殊。他们喜欢线上购物，注重产品质量和服务体验。数字经济的快速发展为这一消费群体提供了更多的购物渠道和消费方式，推动消费市场朝着年轻化、个性化和多元化方向发展。

一、年轻人消费升级的趋势

随着经济的发展和社会的变迁，年轻人消费更注重品质、品位和文化内涵，对消费品的品质和设计要求高端化、个性化。年轻人对新颖的消费方式和体验也更加热衷，如直播带货、共享出行、在线教育等。年轻人消费升级是数字经济时代的一个重要趋势。

（一）消费品质升级

越来越多的年轻人开始注重消费品质，尤其是在食品、服装、家居等方面。他们更加注重品牌和质量，更愿意为高品质的产品和服务买单。

消费品质升级是消费者对商品和服务的品质要求逐渐提高的过程。之前的消费者在选择商品和服务时主要考虑价格和功能，而现在年轻人越来越重视品质、健康和环保等方面。这种消费品质升级的趋势不仅反映了消费者对物质生活质量的要求不断提高，也反映了消费者对环保、健康和社会责任的关注，还反映了市场竞争的加剧。

首先，消费品质升级反映了消费者对物质生活质量的要求不断提高。随着经济的快速发展和人民生活水平的提高，消费者对生活质量的要求也越来越高。之前的消费者主要考虑商品的价格和功能，现在的消费者更注重产品的品质，如材料的质量、加工工艺、品牌声誉等。消费者对品质的要求越来越高，他们愿意花更多的钱购买更好的产品，这也是消费品质升级的原因之一。

其次，消费品质升级反映了消费者对环保、健康和社会责任的关注。随着人们环保意识的不断提高和健康观念的深入人心，消费者对环保、健康和社会责任的要求也越来越高，更加注重产品的安全性、环保性和社会责任。例如，对于食品和药品，消费者更加关注产品的成分、产地、生产工艺、认证等；对于电子产品，消费者更加注重产品的辐射等问题。消费者对环保、健康和社会责任的关注，也是消费品质升级的重要原因之一。

最后，消费品质升级还反映了市场竞争的加剧。随着市场竞争的加剧，企业之间的产品差异化竞争越来越激烈，消费品质升级成为企业获得市场竞争优势的重要手段。为了适应市场需求，企业需要不断提升产品品质，满足消费者对品质的要求。例如，在汽车市场，不同品牌的汽车为了赢得市场份额，不断推出更高品质、更安全、更环保、更智能化的新车型。这样，不仅能够使消费者享受到更好的驾驶体验，还能够更好地满足其个性化需求。在家电市场，各大品牌也在不断提升产品品质和用户体验，推出更节能、更智能、更环保的电视、冰箱、洗衣机等家电产品。

消费品质升级的趋势不仅对企业和消费者产生影响，也对整个社会产生了积极的影响。消费品质升级不仅推动了产业升级和技术创新，也为消费者提供了更高品质、更多元化的消费选择。消费品质升级还可以促进消费者的理性消费，使得消费者更加注重产品的质量和实用性，减少不必要的消费。

消费品质升级是数字化时代消费升级的重要趋势之一。消费品质升级不仅代表了消费者对品质化、个性化、健康和环保等方面的需求，也反映了市场竞争的加剧和企业对市场需求的不断迭代和升级。消费品质升级的趋势将会持续影响未来的消费市场，推动产业升级、技术创新和绿色可持续消费的发展。

（二）个性化消费

数字化经济时代的消费趋势正向个性化方向发展，年轻人消费也不例外。他们更注重个性化的产品和服务，希望根据自己的喜好来定制商品。

个性化消费指的是消费者越来越倾向购买能够反映个人独特品位和需求的产品和服务。随着数字化技术的发展，消费者的选择空间越来越大，个性化消费逐渐成为主流趋势。这一趋势反映了消费者对产品和服务个性化、定制化的追求，也反映了市场竞争的加剧和消费者需求的变化。

首先，个性化消费反映了消费者的需求越来越多元化。现代社会中，消费者对产品和服务的要求越来越高，不再满足于简单的功能性需求。消费者希望在购买商品和享受服务时，能够表达自己的个性和生活态度。例如，年轻人对时尚和品位的追求，使得服装、鞋子、配件等个性化定制市场不断增长。他们有着不同的兴趣、需求、生活方式，对产品和服务的要求也随之多元化。企业需要不断关注消费者的需求变化，加强市场调研和产品研发，以满足不同消费者的需求。

其次，个性化消费反映了消费者对品牌的认同感和忠诚度的提高。消费者通过选择自己喜欢的品牌和产品，表达自己的个性和身份认同。在这个过程中，个性化消费成为消费者与品牌之间建立联系的重要手段。

最后，个性化消费反映了数字化技术的应用对消费行为的影响。随着数字化技术的普及，消费者可以通过互联网和移动设备获取大量信息，随时随地进行消费。数字化技术的应用使得消费者的选择空间更加广泛，也使得企业在产品设计和提供服务方面具备更多的个性化和定制化的可能。例如，基于大数据分析技术的个性化推荐算法可以根据消费者的历史购买记录、浏览行为、社交网络信息等数据，推荐符合其兴趣和需求的产品或服务。此外，数字技术的发展还催生了一些新的消费业态，如共享经济、定制化服务、直播带货等，这些业态均提供了更为个性化的消费体验。

个性化消费还促进了消费者参与消费的积极性。消费者不再只是被动地接受市场的产品和服务，而是可以积极地参与产品的设计、定制和评价过程。例如，一些企业推出了基于用户反馈和协同设计的产品。在这个过程中，消费者的个性化需求得到了更好的满足，同时企业也获得了更准确的市场反馈，提高了产品的竞争力。

然而，个性化消费也带来了一些挑战。首先是信息不对称问题。虽然数字技术的发展使得消费者可以获得更多的信息，但是在信息获取和处理方面，消费者和企业之间的差距依然存在。一些企业可能利用信息不对称来误导消费者，使消费者的利益受损。其次是隐私保护问题。在数字化时代，消费者的个人信息容易被泄露，个人隐私面临着较大的风险。因此，企业需要加强数据安全保护，提高消费者的信任度。最后是文化差异问题。在全球化背景下，不同地域、不同文化的消费者具有不同的个性化需求和消费习惯，企业需要充分了解和尊重当地文化和消费者的需求，才能真正实现个性化消费。

个性化消费是数字时代消费行为的重要趋势之一，既是消费者需求的体现，也是市场竞争的驱动力。在消费者更加注重个性化的今天，企业需要加强创新，不断满足消费者的个性化需求，提升消费者参与度和忠诚度，从而获得更好的市场回报。

（三）移动支付和无现金消费

随着移动支付和无现金消费的普及，越来越多的年轻人开始使用移动支付应用程序来购买商品和服务，这使得他们的消费行为更加便捷、快速和安全。

移动支付和无现金消费是当前消费领域的两个热点话题。随着移动互联网和智能手机的普及，移动支付作为一种新的支付方式得到广泛的应用。

移动支付指的是通过移动设备进行支付，包括扫码支付、近场通信支付、指纹支付、声纹支付等。它的优势在于可以随时随地进行支付，无须携带大量的现金和银行卡。相关移动支付平台通过在线支付、扫码支付、NFC 等技术为消费者提供了更加便捷、快速的支付方式。同时，移动支付也为商家提供了更多的营销方式，如通过线上红包、打折等优惠活动吸引消费者。

无现金消费是指不需要使用现金进行支付的消费方式，包括刷卡、移动支付、电子钱包等。这种消费方式的优势在于减少了消费过程中的时间成本和安全风险，也为商家提供了更多的数据分析和营销方式。无现金消费可以通过移动支付、信用卡、银行转账等方式实现。与传统的现金支付相比，无现金消费更加智能、便捷、高效，这使得它成为现代消费升级的一部分。

首先，移动支付和无现金消费的兴起，使得消费者的支付方式更加便捷、快速。传统的现金支付需要取款、携带现金、找零等操作，而移动支付和无现金消费则只需要几步简单操作，就可以完成支付。同时，移动支付和无现金消费还避免了携带大量现金的风险，提高了支付的安全性。

其次，移动支付和无现金消费的兴起，推动了消费升级的发展。通过应用数字化技术，消费者可以更加方便、快捷地获取产品信息和服务信息，比较不同产品和服务的特点和价值，从而更加理性地进行消费选择。同时，无现金消费的兴起也鼓励企业提供更加个性化、高品质的产品和服务，以满足消费者的不同需求和追求。

再次，移动支付和无现金消费的兴起，推动了消费行业的数字化转型。传统的消费行业主要依靠实体店铺和门店销售，而移动支付和无现金消费则通过线上购物、电子商务等方式，使消费者可以更加方便、快捷地购买所需的产品和服务，从而促进消费行业的数字化转型和升级。

最后，移动支付和无现金消费的兴起，反映了数字化技术在消费领域的应用和推广。随着5G、物联网、人工智能等技术的不断发展，移动支付和无现金消费将会得到更广泛的应用。数字化技术的应用还将推动消费行业的创新和发展，为消费者提供更加智能化、个性化、高品质的消费体验。

移动支付和无现金消费不仅带来了方便快捷的支付方式，还促进了消费升级，推动了消费行业的数字化转型和创新发展。随着消费者对个性化、高品质、智能化消费需求的不断提升，移动支付和无现金消费将成为消费升级的重要支撑。数字化技术的应用和推广也将进一步加速移动支付和无现金消费的普及，为消费者提供更加智能化、便捷化、高品质的消费体验。

移动支付和无现金消费标志着数字化时代的到来。在这个时代，消费者对消费品质、个性化、便捷化等方面的要求越来越高，企业需要不断提升产品和服务的品质，以获得市场竞争优势。企业还需要不断推进数字化转型，利用数字化技术优化产品设计和提供的服务，从而更好地满足消费者的需求。只有这样，企业才能够在激烈的市场竞争中立于不败之地。

（四）网购成为主流

随着电商平台的快速发展，越来越多的年轻人开始在网上购物，这使得他们能够更加便捷地购买到自己需要的商品和服务。

近年来，随着互联网和电子商务的发展，网购已经成为人们购物的主要方式之一。这种趋势表明了消费者对于便捷、实惠、个性化购物体验的追求，也体现了数字化技术在消费领域的应用和推广。

首先，网购的兴起反映了消费者对购物体验的需求。相比传统的实体店购物，网购可以让消费者更加便捷地进行购物，无须出门，随时随地就可以完成购物行为。此外，网购还为消费者提供了更加广泛的选择空间，消费者可以轻松地浏览不同品牌和商家的产品，比较价格和服务，从而找到最符合自己需求的商品。

其次，网购的兴起反映了消费者对价格的敏感度。在互联网和电子商务的带动下，网购商品往往价格更加实惠，而且常常会有促销活动、打折优惠等形式，让消费者能够以更加优惠的价格购买心仪的商品。此外，网购还可以避免人力、场地等成本的投入，让商家可以提供更加实惠的价格。

再次，网购的兴起反映了消费者对于个性化、定制化服务的需求。通过互联网平台的技术支持，消费者可以根据自己的喜好定制商品、根据自己的身体数据量身定制服装等，满足了消费者对商品和服务的个性化需求。

最后，网购的兴起还反映了数字化技术在消费领域的应用和推广。随着互联网和电子商务的发展，数字化技术已经深入消费者的生活，改变了传统的消费模式，推动了消费行业的数字化转型和创新。通过数字化技术的支持，消费者可以随时随地进行网购，轻松找到最符合自己需求的商品和服务，享受更加智能化、个性化、高品质的消费体验。

网购成为人们购物的主要方式之一，反映了消费者对便捷、实惠、个性化购物体验的追求，也促进了消费行业的数字化转型和创新。

对消费者来说，网购已经成为一种生活方式，给人们带来了便利和选择。在网购的过程中，消费者可以随时随地通过电子设备选择商品、比较价格、阅读评价、了解产品信息，无须跑遍商场和店铺，省去了人力、物力和时间成本。同时，随着互联网的全球化和跨境电商的兴起，消费者可以选择更多的商品，包括国外品牌和特色商品，拓展了消费者的选择空间和消费视野。通过网购平台的个性化推荐和营销策略，消费者能够更加精准地获取符合自己兴趣和需求的产品，提高了消费者购物的满意度和体验。

对企业来说，网购是数字化转型和创新的重要一步。通过网购平台，企业可以实现线上销售、供应链管理、客户关系管理等全方位的数字化运营，提高运营效率和客户服务质量。通过大数据分析和智能化推荐算法，企业可以更好地了解消费者的需求和行为，实现产品定制化和服务个性化。同时，通过网购平台的品牌建设和营销推广，企业能够提升自身品牌形象和市场竞争力。

然而，网购规模的不断扩大和市场竞争的加剧，也带来了一些问题和挑战。其中，消费者信息安全、假货、售后服务等仍然是消费者关注的焦点，需要企业加强管理和保障。传统实体店面的销售也面临着压力，需要拓展更多的销售渠道和提高服务水平。此外，电商平台也需要加强自身的管理，维护市场秩序和公平竞争。

网购已经成为消费领域的主流趋势，不仅为消费者的选择带来了便利，也促进了数字化转型和创新。未来，随着数字化技术的不断发展和应用，网购将会越来越普及和智能化。

（五）体验式消费

越来越多的年轻人开始注重消费的体验，而不只是商品本身。他们更愿意为有趣、有创意和有意义的体验买单，如旅游、娱乐和健身等领域。

体验式消费是近年来消费行为的一个重要趋势。它指的是消费者不再单纯地购买商品或服务，而是通过各种渠道获取与之相关的情感体验、文化体验、生活体验等，通过这些体验获得满足感和价值感。

体验式消费的出现反映了消费者对情感价值和文化体验的追求。随着社会经济的发展和文化水平的提高，消费者对消费品的要求已经不仅仅停留在实用性上，而是更加注重产品带来的文化、情感和社交价值。体验式消费在满足消费者情感需求的同时，也带来了商业机会。例如，一些主题餐厅、主题乐园等以体验为核心的消费场所，不仅提供餐饮或游玩服务，更满足了一种独特的情感需求，受到了众多消费者的青睐。

体验式消费的兴起反映了消费行业的数字化转型和创新。随着互联网和移动设备的普及，消费者可以通过各种数字化渠道获取更加丰富的消费体验。例如，通过在线直播、虚拟现实等技术，消费者可以在家中享受到更加真实的音乐会、演唱会等文化体验；通过在线游戏、社交媒体等平台，消费者可以与朋友共享更加丰富的社交体验。

体验式消费的兴起还反映了消费行业的个性化和定制化趋势。消费者对体验的需求是个性化和多元化的，需要定制化的服务和产品来满足。在这种背景下，商家需要通过精细化的数据分析、个性化的推荐算法等手段来满足消费者的需求，提供更加个性化的消费体验。例如，在旅游行业，一些旅行社深度挖掘旅游者的兴趣、偏好等信息，为他们提供更加个性化的旅游线路。

体验式消费的兴起体现了消费者对情感价值和文化体验的追求，也反映了消费行业对不断变化的消费需求和市场竞争的加剧做出的回应。消费者对产品和服务的要求不再局限于功能和实用性，而是更加注重个性化、情感化的消费体验。企业为了满足消费者的需求，开始推出更加注重情感体验的产品和服务，强调从卖商品向提供服务转变，将消费者的感受和体验放在更加重要的位置。

体验式消费的兴起在一定程度上也受到数字化技术的推动和支持。通过数字化技术，企业可以更好地为消费者提供个性化的、定制化的消费体验。例如，在旅游行业，消费者可以通过在线旅游平台进行旅游规划、预订和评价，享受到更加便捷、个性化的旅游体验。在文化消费领域，数字化技术也为消费者提供了更多的文化产品和服务选择，如数字图书馆、在线博物馆、虚拟演出等，让消费者可以随时随地享受到文化的魅力。

体验式消费的兴起促进了消费行业的创新和转型。企业需要更加注重消费者的需求和感受，不断提升产品和服务的情感价值和文化体验。例如，在餐饮行业，不少企业开始推出主题餐厅，通过营造特定的场景和氛围，让消费者在享受美食的同时，感受到文化和情感的氛围。在零售行业，一些企业开始采用体验店的形式，将购物过程变为一种情感体验，营造出让消费者流连忘返的场景和氛围。

体验式消费的兴起不仅体现了消费者对情感价值和文化体验的追求，也促进了消费行业的数字化转型和创新。未来，随着数字化技术的不断发展和应用，体验式消费将会进一步普及和智能化，为消费者提供更加丰富、个性化的消费体验。

（六）环保和健康消费

年轻人越来越注重健康和环保，这也反映在他们的消费习惯上。他们更愿意选择健康、环保的产品和服务，并支持这些企业的发展。

随着社会发展和消费观念的转变，越来越多的消费者开始注重环保和健康消费。环保和健康消费既关注个人的健康和生命质量，也关注整个社会的可持续发展和生态平衡。

环保消费是指消费者在购买商品或服务时优先考虑环境友好、节能减排、可持续发展等因素的消费行为。环保消费涵盖了使用可再生能源、购买环保产品、减少浪费、回收利用等方面。环保消费的兴起不仅促进了环保产业的发展，也为消费者提供了更多健康、环保、品质更高的产品和服务。

健康消费是指消费者在购买商品或服务时优先考虑健康、安全、科学等因素的消费行为。健康消费的范围广泛，包括食品、保健品、药品、医疗器械、家居用品等。随着人们健康意识的提高和生活水平的提升，越来越多的消费者开始注重健康消费。消费者选择健康消费的主要原因包括提高生活质量、预防疾病、延缓衰老、保障健康等。同时，健康消费也推动了健康产业的发展和升级。

环保和健康消费的兴起反映了消费者对生态环境和个人健康的重视。在消费升级的大背景下，环保和健康消费成为消费品质升级的重要组成部分。同时，环保和健康消费也推动了消费行业的转型升级，促进了环保产业和健康产业的发展和壮大。

对企业来说，积极响应消费者的环保和健康消费需求，推出符合消费者需求的产品和服务，是企业在市场竞争中获取竞争优势的重要手段。企业可以通过提高产品品质、减少环境污染、优化生产工艺等方式来满足消费者对环保和健康的要求。

在环保消费方面，一些企业开始采用绿色制造技术，推出环保产品，如采用环保材料制作的家具、电子产品和纺织品等。此外，企业还可以通过环保包装、减少废弃物、减少能源消耗等方式来减少对环境的污染。例如，一些企业开始推出可重复使用的包装，或使用环保材料制作包装。

在健康消费方面，消费者越来越关注健康饮食和生活方式。一些企业开始推出有机食品和天然食品等健康食品。此外，一些企业还在健康科技领域进行创新，如推出健康管理软件和智能手环等产品，以便消费者更好地监测和管理自己的健康。

对企业来说，积极响应环保和健康消费趋势，不仅可以提高产品品质，还可以提高消费者对品牌的忠诚度。此外，通过生产环保和健康产品企业可以更好地实现可持续发展，履行社会责任。

环保和健康消费已经成为消费升级的重要方向之一，反映了消费者对品质和健康的要求，促进了企业在产品设计和生产方面的创新和转型。未来，随着消费者对环保和健康的要求不断增加，企业将面临更多的机遇和挑战，企业需要积极应对消费者需求，推出更加环保、健康、高品质的产品和服务。

二、二、三线城市消费市场的崛起

二、三线城市消费市场的崛起主要得益于数字技术的普及和互联网消费的兴起。二、三线城市消费市场的消费者具有较强的消费能力和消费意愿，对消费品的品质和品位要求也越来越高端化和个性化。

随着我国经济的高质量发展和城市化进程的不断加速，二、三线城市消费市场的崛起已经成为一个不容忽视的趋势。这一趋势在近年来越发明显，二、三线城市的消费市场已经成为国内消费市场的重要组成部分。

（一）二、三线城市消费市场的发展背景

二、三线城市的总人口规模相对较小，随着国家经济的高质量发展，这些城市的消费市场也得到了快速发展。

首先，二、三线城市人口的消费能力逐步提升，消费需求也不断增加。相比一线城市，二、三线城市的消费水平和商品价格更加适宜，吸引了大量消费者前来消费。其次，随着城市化进程的加速，二、三线城市的基础设施建设不断完善，物流配送体系逐步健全，大型商场、

超市、便利店等商业配套设施不断涌现，为消费者提供了更加便捷的购物和服务体验。此外，当地政府采取了一系列措施来促进二、三线城市的消费市场发展，如减免税费、支持电商等政策，为消费市场的发展提供了保障。

（二）二、三线城市消费市场的特点

1. 消费需求集中在实用品和基本生活用品

与一线城市相比，二、三线城市的消费市场、消费需求更加实际和基本。消费者更加注重实用品和基本生活用品的购买，如食品、家电、日用品等，对奢侈品的购买需求相对较少。

2. 消费者更加注重性价比

由于二、三线城市消费市场的消费水平较低，消费者对产品的性价比更加关注。在购买决策中，价格和品质是消费者考虑的重要因素，而品牌和文化内涵等因素则相对次要。

3. 消费场所更加注重实用性和舒适度

二、三线城市消费市场的消费场所更加注重实用性和舒适度。在二、三线城市，消费者的消费观念和消费习惯也在逐渐发生变化。如今二、三线城市的消费者逐渐开始注重品质和体验，消费场所更加注重实用性和舒适度。

在这样的背景下，二、三线城市的消费市场快速崛起。消费品的种类越来越多样化，消费场所的数量也不断增加，从购物中心、餐厅、咖啡馆到电影院、游戏厅、体验馆等各类消费场所，都得到了迅速发展。消费者对品质、服务和体验的需求在不断提高，市场竞争越来越激烈，企业需要不断提高产品和服务的质量和体验，以获取市场优势。

对企业来说，抓住二、三线城市消费市场的机会，积极适应消费者的需求，开发出符合市场需求的产品和服务，是获取市场竞争优势的重要手段。企业需要关注消费者的消费观念和消费习惯的变化，把

握消费市场的趋势，提供更加符合消费者需求的产品和服务，从而实现销售额的增长和市场份额的扩大。

随着二、三线城市消费市场的崛起，企业需要加强对物流配送和售后服务的优化。这些城市的交通和物流条件相对较差，物流配送和售后服务的质量和效率直接影响到消费者的购物体验和满意度。因此，企业需要加强物流配送和售后服务的投入和管理，提高服务水平和质量，满足消费者的需求，增强消费者的忠诚度。

二、三线城市消费市场的崛起反映了我国消费市场的多元化和分化趋势，也为企业提供了拓展市场的新机会。对消费者来说，二、三线城市消费市场的崛起带来了更加多元化的消费选择和更加丰富的消费体验，也反映了消费者对品质、服务、文化等方面追求的不断提升。

随着经济发展和社会变革，新生消费力量的出现是数字经济背景下消费市场的一个重要趋势。这一消费群体主要由年轻人和中等收入群体组成，他们具有较高的教育水平和消费能力，更加注重品质和体验，喜欢追求新奇的产品和服务。这一消费群体在数字经济的推动下，成为消费市场中的新动力和新焦点。

新生消费力量的出现为消费市场注入了新的活力和动力，数字经济的快速发展也为这种消费趋势提供了更好的平台。企业可以通过创新和升级产品、服务、销售渠道等，更好地满足新生消费力量的需求，提高企业的市场竞争力和盈利能力。

第二节　中老年消费群体的需求

随着我国人口老龄化的加速，中老年消费群体的需求也发生了变化。数字经济的快速发展为这一消费群体提供了更多的便利和机会。数字技术的应用为中老年消费群体提供了更多的社交、娱乐、健康等服务，也为他们提供了更多的消费渠道和购物方式。

中老年消费群体的需求逐渐成为消费市场的重要组成部分，他们的消费需求也开始从基本的生活需求向养生保健、文化娱乐、旅游等方向转变。中老年消费群体更加注重生活品质和健康，更加关注居家生活、旅游出行、医疗健康等领域的消费。数字经济为中老年消费群体提供了更加便捷、个性化和智能化的消费体验和服务。

例如，以“互联网 + 养老”为代表的新型养老服务模式正在快速发展。通过应用数字技术，中老年人可以在家中享受到便捷的医疗、健康、养老等服务，提高生活品质和幸福感。同时，数字经济还为中老年消费群体提供了更加便捷的购物和社交消费方式，满足他们个性化、多元化的消费需求。

中老年消费群体的需求主要有以下几点。

一、健康保健需求

中老年人对健康保健的需求更为突出，如营养保健品、医疗器械、养生保健用品等，尤其是针对常见疾病的预防和治疗方面的产品和服务。

随着中老年人口的增加，健康保健需求逐渐成为中老年消费群体的一项重要需求。中老年消费群体通常比年轻人更加注重健康保健，因为他们的身体状况更容易受到外界环境和自身因素的影响，需要更加注意健康问题。以下从几个方面详细介绍中老年消费群体对健康保健的需求。

首先，中老年人在健康保健方面的需求主要集中在养生保健、疾病预防和康复治疗等方面。中老年人通常比年轻人更容易出现一些慢性疾病，如高血压、糖尿病、骨质疏松等，因此，他们需要通过养生保健来预防这些疾病的发生。此外，中老年人也需要进行康复治疗，如通过物理疗法来缓解关节炎、腰椎间盘突出等疾病所带来的不适感。

其次，中老年人对健康保健产品的需求也逐渐增加。中老年人通常更加注重保健品的功效和安全性，通过口服保健品来调节身体机能，或者食用传统的中药保健品来促进身体的健康。此外，中老年人也更加关注健康食品和保健器材等方面，如通过健身器材来进行康复训练，或者食用健康食品来调节身体机能。

再次，中老年人的健康保健需求带动了健康保健服务的发展。中老年人通常更加注重健康保健服务的专业性和个性化，通过医疗机构提供的健康检查、理疗、康复等服务来保持身体的健康。此外，中老年人也更加关注医疗保健的质量和安全性，如通过选择专业的医疗机构和医生来获得更加安全和专业的健康保健服务。

最后，随着中老年人口的增加和中老年人健康保健需求的增加，健康保健市场也逐渐呈现出快速发展的趋势。对企业来说，迎合中老年人健康保健市场，开发符合市场需求的产品和服务，也是提升自身市场竞争优势的重要手段。企业需要关注消费者的消费观念和消费习惯的变化，把握市场趋势，提供更加符合消费者需求的产品和服务。企业还应该加强品牌建设，提高产品质量和服务水平，提升消费者的信任度和忠诚度。

为了满足中老年人的健康保健需求，企业需要关注以下几点。

（一）健康产品和服务的研发和推广

企业可以通过研发符合中老年人需求的健康产品和服务，如健康食品、保健器材、医疗保健服务等，满足中老年人的健康保健需求。

同时，企业还应该通过多种渠道，如电视、社交媒体等，积极宣传推广健康产品和服务，提高消费者对健康产品和服务的认知度和信任度。

考虑到中老年人的生活习惯和健康状况，企业可以开发便捷、易用、安全的健康产品和服务。例如，可以开发一些适合中老年人使用的健康器材，如智能健身设备、心率计、血压计等，这些产品可以帮助中老年人更好地掌握自身的健康状况，做好自身的保健工作。

（二）通过多种途径提供健康信息和知识

随着社会老龄化的加剧，中老年人的健康问题越来越受到关注。为了帮助中老年人更好地了解健康知识，企业可以通过多种途径向他们提供健康信息和知识，如健康杂志、电视节目、移动应用等。这些信息和知识可以帮助中老年人更好地了解健康知识，从而使他们更好地掌握自身健康状况。

健康杂志是一种常见的获取健康信息的渠道，它可以提供各种与健康相关的信息，如饮食、运动、保健等方面的知识，还可以介绍一些健康产品和服务。企业可以通过赞助或出版健康杂志来向中老年人提供这些信息和知识。例如，可以在杂志上发布一些健康专栏文章，为中老年人提供一些有益的建议和指导，如如何保持健康的饮食习惯、如何进行适量的运动等。

电视节目也是一种有效的获取健康信息的渠道。企业可以赞助或制作一些健康主题电视节目，如健康讲座、健身操等。这些节目可以向中老年人传递一些健康知识，如预防心血管疾病、保护眼睛、维持骨骼健康等。在电视节目中还可以向观众介绍一些健康产品和服务，如保健品、医疗保险等。

移动应用也是一种快速、便捷的获取健康信息的途径。随着智能手机和移动互联网的普及，中老年人可以通过下载移动应用来获取健康信息和知识。企业可以通过开发健康类应用来提供这些信息和知识。

例如，可以开发一款健康管理应用，帮助中老年人记录自己的健康数据、制订健康计划、接受医疗服务等。在应用中还可以提供一些健康知识和建议，如如何控制体重、保护心脏等。

企业可以通过多种途径向中老年人提供健康信息和知识，从而帮助他们更好地了解和掌握健康知识，提高自身健康状况。除了上述三种途径外，还可以考虑通过社交媒体、在线健康平台、健康课程等多种方式来提供健康信息和知识。例如，可以通过社交媒体发布健康主题的帖子或分享健康主题的视频来传递健康知识，吸引中老年人的关注。在线健康平台可以提供一些健康管理和医疗服务，如预约医生、在线咨询等，方便中老年人获取健康信息和知识。健康课程则可以为中老年人提供一些专业的健康知识和技能教学，如瑜伽、太极拳等。

企业在向中老年人提供健康信息和知识的同时，还应该注重保护他们的个人隐私和信息安全。在收集、处理和使用中老年人的健康信息和数据时，应该遵守相关的法律法规和行业标准，注重信息安全和隐私保护。

（三）提升服务质量和服务水平

企业可以通过提升服务质量和服务水平，提高消费者的满意度和忠诚度。例如，可以增加售后服务人员的数量，提供 24 小时在线咨询服务等。

考虑到中老年人的消费能力和购物习惯，企业可以通过多种渠道销售健康产品和服务，如实体店、网店、社交媒体等；还可以通过营销活动和促销活动，吸引中老年人购买健康产品和服务，提高销售额和市场占有率。

随着中老年消费群体的不断壮大，他们对于健康、舒适、方便、高品质的消费需求也日益增加。这为企业提供了广阔的市场空间和难得的机遇，同时要求企业充分了解消费者需求，开发出符合市场需求的产品和服务，并且在产品设计、营销策略等方面做好差异化和个性化的定位，以获取市场竞争优势。

随着科技的不断发展和应用，中老年消费群体的消费需求也会不断发生变化和升级。例如，他们更加注重个性化和定制化的消费体验、智能化和数字化的消费方式，更加关注环保和可持续发展的消费理念等。企业需要及时适应这些变化和趋势，为中老年消费群体提供更加优质、实用、健康、智能的产品和服务，以满足他们日益增长的消费需求。

二、生活便利需求

随着年龄增长，中老年人的生活便利需求也在逐渐增加。中老年人的身体机能逐渐下降，日常生活中遇到的困难越来越多，因此，对生活便利的需求也越来越高。家居装修、家用电器、无障碍设施、智能化设备等产品和服务可以让中老年人更加舒适、便利地生活。

在家居装修方面，中老年人更加注重房屋的安全性和舒适度，如安装防滑地板、降低台阶高度、安装扶手等。同时，需要考虑到中老年人日常生活的便利性，如将厨房、卫生间等区域设计成无障碍通道，方便中老年人进出。

在家用电器方面，中老年人需要更加简单易用的产品，如智能遥控器、语音控制设备等，这些设备可以让中老年人更加方便地控制家庭设备。同时，需要注意电器的安全性能，如防止有电器过热、漏电等安全隐患。

在无障碍设施方面，中老年人需要更加方便易用的设施，如无障碍电梯、无障碍通道、无障碍厕所等。

在智能化设备方面，中老年人需要更加智能、便捷的设备，如智能手表、智能床垫等，这些设备可以帮助中老年人更加方便地管理自己的健康和生活。同时，需要考虑设备的易用性和可靠性，以及对中老年人的身体健康有没有负面影响。

随着人口老龄化的加剧，中老年人对于生活便利的需求越来越高。相关企业需要关注中老年人的生活需求，加强服务提供，为中老年人创造更加便捷、舒适的生活环境。

三、文化娱乐需求

中老年人会有更多的空闲时间，对文化娱乐需求也比较高，如旅游、书籍、音乐、电影等，这些产品和服务可以满足中老年人的文化娱乐需求，也有助于扩大其社交圈。中老年人通过文化娱乐活动可以丰富自己的生活，陶冶情操，增加生活乐趣，有助于保持身心健康。

旅游是中老年人文化娱乐需求中十分重要的一部分。中老年人可以通过旅游活动来拓宽自己的视野，了解不同的文化和风俗，体验不同的生活方式。旅游也有助于增强中老年人的身体素质，提高心理健康水平，从而延缓衰老。近年来，各地旅游景点也越来越重视中老年人的需求，提供更多的老年人友好设施和服务，让中老年人能够更加便利地享受旅游。

在文化娱乐方面，中老年人喜欢阅读书籍、听音乐、观看电影等活动。阅读书籍不仅可以增长知识，还可以培养中老年人的阅读习惯和思考能力，有助于预防认知障碍和失忆症。中老年人也越来越喜欢听音乐和观看电影，这些活动可以让他们放松心情，减轻压力，有助于身心健康。

中老年人对文化、绘画、舞蹈等文化娱乐活动也很感兴趣。这些文化娱乐活动可以丰富中老年人的精神生活，提高其生活质量，也可以扩大其社交圈，增强社交能力。近年来，越来越多的文化机构和社区为中老年人提供各种文化娱乐活动，帮助他们更好地享受文化娱乐生活。

随着中老年人口数量的增加和健康状况的提高，中老年人的文化娱乐需求也越来越高。各行各业都需要关注中老年人的需求，为他们提供更多适合的文化娱乐产品和服务，让他们能够更加舒适、便利、快乐地生活。

四、个性化需求

与年轻人相比，中老年人的个性化需求可能更为谨慎和特别，如定制化的家具、艺术品、珠宝、服装等，对于这些产品和服务，中老年人更加注重其品质、风格和个性化特点。

中老年人的个性化需求在消费市场中越来越受到关注。个性化需求体现了中老年人对自我表达和独特风格的追求，也反映了消费者对更高品质、更特别的消费体验的需求。

在定制化的家具方面，中老年人更注重舒适性、实用性和环保性，同时追求个性化的风格和独特的设计。对于艺术品和珠宝等消费品，中老年人更加注重其品质和收藏价值，更倾向购买传统的艺术品和珠宝，展示自己的品位和文化素养。在服装消费方面，中老年人更注重服装的舒适性、品质和保暖性，也会考虑是否适合自己的年龄和身材。中老年人更加注重简约、优雅和经典的设计，展现自己的成熟和稳重。

除了以上几个方面，中老年人的个性化需求还表现在旅游、美食、文化活动等多个方面。他们希望能够体验到更加贴近自己的、个性化的消费服务，展现自己独特的生活方式和品味。

对企业来说，满足中老年人的个性化需求不仅能够赢得消费者的认可和忠诚度，也能够为企业带来更多的市场机会和竞争优势。企业需要关注中老年人的消费趋势和需求变化，开发出更符合市场需求的产品和服务，增强消费者的消费体验和满意度。

第三节　三、四线城市居民消费的扩容

数字经济的发展为三、四线城市的消费市场带来了更多的机遇和挑战。随着数字技术和互联网技术的普及，三、四线城市居民的消费能力和消费需求得到了提升。数字经济的快速发展为三、四线城市居民提供了更多的消费渠道和购物方式，推动了消费市场的扩容和升级。

随着我国消费市场的快速发展，消费市场的下沉趋势也越来越明显。尤其是在数字经济的推动下，消费市场下沉的步伐加快。三、四线城市居民消费能力逐步提升，消费需求也不断增加，成为我国消费市场的重要力量。

数字经济为三、四线城市居民消费扩容提供了新的机遇。通过电商平台、社交媒体、直播等数字化渠道，三、四线城市居民可以更加便捷地购买各种消费品和服务，享受到与一、二线城市居民相当的消费体验和服务。例如，新型电商模式正在快速兴起，为三、四线城市居民提供了更加便捷、实惠的购物渠道，促进了消费市场下沉和消费扩容。

数字经济还为三、四线城市居民提供了更加便捷、个性化的旅游、文化、教育等消费服务，推动三、四线城市消费市场的升级和转型。

针对三、四线城市居民消费特点和需求，企业可以提供符合他们需求的产品和服务，包括但不限于本地特色产品、优质农产品、家电家具等。此外，相关部门还可以通过推广新的消费形式，如共享经济、线上购物等，引导消费者多元化、高品质消费。

一、优化营销策略

优化营销策略是企业在消费市场下沉和三、四线城市居民消费扩容中的重要手段之一。通过加大营销力度和开展促销活动，企业可以有效地引导消费者积极参与消费，提高消费者消费体验和满意度。企业还可以通过互联网等新媒体渠道，将产品和服务推向更广泛的消费者群体，扩大市场影响力。以下几点是优化营销策略的关键要素。

首先，企业可以通过加大广告宣传力度，提升品牌知名度和美誉度。通过创新营销方式，如社交媒体、电子商务等，将产品和服务推向更广泛的消费群体，扩大市场影响力。同时，企业可以通过与社会机构、商家等合作，共同推出促销活动和优惠政策，激励消费者进行消费，提高消费者的满意度和忠诚度。

其次，企业可以通过优化产品和服务的设计和提供方式，满足消费者的个性化需求。例如，根据不同地区、不同年龄、不同性别的消费群体的需求，提供定制化的产品和服务，满足消费者的个性化需求。同时，企业可以通过提高产品和服务的品质和品位，提升产品和服务的附加值，提升消费者的体验和满意度。

再次，企业可以通过提升售前、售中、售后服务质量，加强与消费者的沟通和互动，提高消费者的满意度和忠诚度。例如，在售前阶段，企业可以提供详细的产品介绍和服务说明，帮助消费者了解产品和服务的特点和优势，为消费者提供全面的购物参考。在售中阶段，企业可以提供及时的客户服务，帮助消费者解决问题，提升消费者的信任度和忠诚度。在售后阶段，企业可以通过定期维护和更新产品和服务，提供更加持久的消费体验和品质保障。

最后，企业可以通过技术创新和数字化转型，提高消费者的购物体验和满意度。例如，采用人工智能、大数据分析等技术，提供个性化的推荐服务和购物指导，满足消费者的个性化需求。同时，企业可以通过构建数字化的营销渠道和消费服务平台，为消费者提供更加便捷、快速、高效的购物体验和服务支持。

针对消费市场下沉和三、四线城市居民消费扩容的趋势，企业需要不断优化营销策略，以便更好地满足消费者的需求，增强其消费体验和满意度。这需要企业在产品设计、营销策略、渠道推广等方面不断探索和创新，更加注重消费者的个性化需求和购物习惯，以及更好地应用数字化技术和新媒体渠道。未来，随着消费市场的不断变化和消费者需求的不断升级，企业需要持续地适应市场变化并不断创新，以保持市场竞争力。

二、提升服务体验

为了吸引更多的消费者参与，企业需要提升服务体验，提供更好的售前服务、售后服务以及增值服务，如增加送货安装等服务。此外，企业还可以通过建立消费者互动平台，与消费者进行更加频繁的沟通，了解消费者需求和反馈。

随着消费市场下沉和三、四线城市居民消费扩容，提升服务体验已经成为企业在市场竞争中获取优势的重要手段。消费者在购买产品和服务的过程中，不仅会关注产品本身的质量和价格，还会对售前服务、售后服务以及增值服务进行评估和比较。因此，企业需要提供更好的服务体验，来吸引消费者的关注和参与。

首先，企业需要加强售前服务。售前服务是指在消费者购买产品之前提供的服务，包括产品介绍、咨询解答、试用体验等。通过提供充分的信息和解答消费者疑问，企业可以让消费者更加了解产品和服务的特点，增加消费者的信任度和满意度，提高其购买意愿和购买率。

其次，企业需要加强售后服务。售后服务是指在消费者购买产品之后提供的服务，包括保修、维修、退换货等。通过提供快速、专业的售后服务，企业可以增加消费者的信任度和满意度，增强消费者对品牌的忠诚度和口碑效应。

再次，企业还可以通过增值服务来提高服务体验。增值服务是指在产品和服务基础上，为消费者提供附加的服务，如免费送货、安装、维修保养等。通过提供更加全面的服务体验，企业可以提高消费者的满意度和忠诚度，同时能够增加产品和服务的附加值，提高市场竞争力。

最后，企业可以通过建立消费者互动平台来增强服务体验。消费者互动平台是指通过互联网等渠道，与消费者进行交流和互动的平台。通过在平台上开展调查问卷活动等方式，企业可以了解消费者的需求和反馈，及时改进和优化产品和服务，提高消费者的满意度和忠诚度。

提升服务体验已经成为企业在消费市场下沉和三、四线城市居民消费扩容中获取优势的重要手段。通过加强售前、售后服务和增值服务，以及建立消费者互动平台等方式，企业可以提高消费者的满意度和忠诚度，增强品牌影响力和市场竞争力。

三、支持政策的引导

可以通过税收、补贴等方式，支持企业拓展三、四线城市市场，为消费者提供更加优惠的价格和更好的服务。同时，加强基础设施建设，如交通、通信等，为企业拓展三、四线城市市场提供更好的条件和保障。

在支持企业拓展三、四线城市市场方面，可以从以下几个方面给予支持。

（一）税收优惠政策

一定期限的税收减免可以降低企业在三、四线城市市场的运营成本，从而降低产品和服务价格，提高消费者的购买力。

税收优惠政策可以降低企业在税收方面的负担。对于在三、四线城市运营的企业而言，税收负担可能占其运营成本中的较大比重。通过提供税收减免，可以帮助这些企业降低运营成本，增加盈利空间。这样，企业就可以在不牺牲产品和服务质量的情况下，降低产品和服务价格，吸引更多消费者。

税收优惠政策可以增强企业的市场竞争力。在市场经济中，企业的发展和竞争力取决于其价格、质量、服务等方面的综合表现。税收优惠政策可以帮助企业降低产品和服务价格，从而增强企业在市场中的竞争力。这样，企业就可以在同类产品和服务中占据更大的市场份额，进一步扩大业务规模。

税收优惠政策可以促进消费和经济增长。在三、四线城市，消费需求有限，企业发展面临一定的困难。税收优惠政策可以提高消费者的购买力，从而刺激消费需求的增长。这样，不仅可以促进消费增长，还可以带动相关行业和产业的发展，进一步促进经济增长和社会进步。

税收优惠政策可以帮助在三、四线城市运营的企业降低运营成本，增强市场竞争力，提高产品和服务的质量，降低产品和服务价格，吸引更多的消费者。可以通过制定针对性的税收政策和减免措施，为企业提供支持和帮助，促进经济的发展和社会的进步。

（二）补贴政策

补贴政策可以帮助企业降低运营成本。进入三、四线城市市场，企业往往需要面对较高的市场运营成本，如租金、人工、物流等方面的成本。通过给予补贴，可以帮助企业降低这些成本，增加盈利空间。这样，企业就可以更加稳妥地进入这些市场，并在市场上发挥更大的作用。

补贴政策可以鼓励企业加大对三、四线城市市场的投入和市场开发力度。通过补贴，可以为企业提供一定的资金支持，帮助企业开展市场调研、广告宣传、产品推广等活动。这样，企业就可以更加积极地开展市场开发工作，提高市场占有率，扩大销售规模，进一步促进市场发展和经济增长。

补贴政策还可以促进区域经济均衡发展。在三、四线城市，经济发展水平相对较低，企业发展面临一定的困难。通过补贴政策，可以为企业提供一定的资金支持，促进这些城市的经济发展。这样，不仅可以帮助企业开展市场活动，还可以促进相关行业和产业的发展，进一步促进区域经济均衡发展。

补贴政策可以通过设立专项资金，给予三、四线城市市场的企业一定额度的补贴，为企业提供资金支持和帮助，鼓励企业加大对这些地区的投入和市场开发力度，促进区域经济均衡发展。

（三）金融支持

在市场经济中，企业的发展和竞争力取决于其价格、质量、服务等方面的综合表现。通过为企业提供金融支持，可以帮助企业降低融资成本，增加资金来源，从而增强企业在市场中的竞争力。这样，企业就可以在同类产品和服务中占据更大的市场份额，进一步扩大业务规模。

金融支持可以帮助拓展三、四线城市市场的企业解决融资难题。可以通过引导金融机构为企业提供优惠贷款、信贷政策等金融服务，为企业提供资金支持和帮助，促进经济的发展和社会的进步。同时，还可以制定针对性的金融政策和措施，根据市场需求和发展情况，适时调整金融支持的力度和方向，为企业提供更加精准的金融服务和支持。

（四）基础设施建设

加大对三、四线城市基础设施的投入力度，改善交通、通信、供水供电等条件，可以提供良好的营商环境，为企业拓展市场提供便利条件。

三、四线城市经济发展水平相对较低，基础设施建设水平相对较弱，缺乏良好的营商环境和便利条件。通过加大基础设施建设投入，可以提高城市的综合承载能力，为企业拓展市场提供更好的发展空间。

在三、四线城市市场，由于基础设施建设水平相对较低，企业的物流、供应链、通信等方面的成本相对较高。通过加大基础设施建设投入，可以降低企业的运营成本，增加企业的盈利空间。

在三、四线城市，通过加大基础设施建设投入，可以刺激经济和社会的发展，带动相关行业和产业的发展，进一步促进区域经济均衡发展。

三、四线城市应该根据市场需求和发展情况，制定更加精准、有效的基础设施建设规划和方案，为企业提供更好的发展机会和条件。此外，还可以采取其他措施，如优惠政策、金融支持、科技创新等方面的支持，为企业拓展市场提供全方位的帮助和支持。例如，可以加大对重点行业和领域的支持力度，鼓励企业在这些领域开展业务，提高市场竞争力。可以加大对创新科技和新兴产业的支持，推动产业转型升级，提高企业的核心竞争力和创新能力。

另外，还可以通过建立公共服务平台，为企业提供一系列服务和支持。例如，可以建立三、四线城市市场拓展平台，为企业提供市场情报、信息咨询、人才招聘等服务；可以建立创新创业平台，为企业提供创新创业支持、技术转移等服务。这些公共服务平台可以为企业提供全方位、多元化的支持和帮助，帮助企业更好地拓展市场，提高市场竞争力。

（五）人才培训与引进

在当前全球经济竞争日趋激烈的背景下，人才的作用显得越来越重要。进入三、四线城市市场的企业要想在激烈的市场竞争中获得优势，必须拥有一支高素质的本地人才队伍。因此，可加大对三、四线城市的人才培训力度，为企业提供优秀的本地人才。同时，通过引进优秀人才的政策，吸引更多的人才到这些地区发展，提高三、四线城市的整体竞争力。

加大对本地人才的培训力度，提高其技能水平和综合素质。建立相关的人才培训中心，开展各类专业技能培训、岗位技能培训、职业技能培训等培训活动，为本地人才提供更加优质的学习和培训机会。在制订人才培训计划时，应该紧密结合当地企业需求和市场需求，定期更新培训课程和培训内容，提高培训的针对性和实效性。

企业可针对不同岗位和职业开展相应的培训，以提高员工的业务素质、管理能力和创新能力。此外，还可以鼓励企业与高等院校、科研机构等开展产学研合作，共同开展科技创新、技术开发等活动，培养和吸引更多的优秀人才。

通过引进优秀人才的政策，例如，提供住房、子女教育等优惠政策，吸引更多的高层次人才、高技能人才到这些地区发展。引进人才不仅可以为企业提供优秀的人才资源，还可以为整个城市带来更多的人才和技术创新，提高城市的整体竞争力。

（六）产业扶持

三、四线城市是我国经济发展的重要组成部分，为促进这些城市的经济发展，可以将三、四线城市发展的重点产业纳入国家产业扶持计划，给予这些产业优先发展的政策和资源支持，促进产业结构的优化升级。

可以在税收、融资、用地、科技创新等方面给予三、四线城市重点产业优惠政策和支持。例如，通过税收优惠政策鼓励企业在三、四线城市开展产业投资和生产经营活动，提高产业发展的成本效益；可以通过财政资金、国家开发银行等途径为企业提供优质融资支持，促进产业的快速发展；可以为三、四线城市的重点产业提供用地、人才、科技创新等方面的优惠政策，加速产业升级和转型发展。

引导和鼓励企业加大对三、四线城市发展的重点产业的投资和支持力度。可以设立产业投资基金、开展重点产业项目引进等措施，引导民间资本加入这些产业的发展中来。还可以加强与企业的合作，共同推动产业的技术创新和品牌建设等工作，提高三、四线城市重点产业的核心竞争力和市场竞争力。

加强联合开发和合作，建立政企联合、产学研合作等机制，充分发挥各方的优势和资源，共同推动产业的升级和发展。政府可以与企业共同开展产业集群建设，打造产业生态圈，提高产业的整体竞争力和市场占有率。

这些措施将为三、四线城市的经济发展提供强大的支持和动力，推动这些城市实现从传统产业向现代化产业的转型升级，提高城市经济的核心竞争力和可持续发展能力。

（七）市场监管与保护

加强对三、四线城市市场的监管，打击不正当竞争行为，保护企业的合法权益，营造公平、公正的市场环境，推动企业更好地拓展三、四线城市市场，从而带动这些地区的经济发展，提高人民生活水平。

除了政策引导之外，还可以采取以下措施以进一步支持企业拓展三、四线城市市场。例如，通过举办各类经贸活动、商务考察等方式，促进一、二线城市与三、四线城市之间的交流合作，帮助企业拓宽业务领域，提高三、四线城市的知名度和吸引力；鼓励企业在三、四线城市设立研发中心，引进和培养高技术人才，推动技术创新；提供技术研发补贴和税收优惠，以降低企业的研发成本；加强对三、四线城市产业链的培育和完善，鼓励相关配套产业的发展，降低企业的生产成本，提高产业集聚效应；持续改进政务服务，简化行政审批流程，提高办事效率，以降低企业的市场准入门槛和运营成本；加大对支持政策的宣传力度，让更多的企业了解到这些政策优惠，从而吸引更多的企业进入三、四线城市市场；在三、四线城市设立特色产业园区，为企业提供优质的办公和生产场地，提供一站式服务，降低企业的创业成本；加强对三、四线城市生态环境的保护，打造绿色发展示范区，提高城市品质，吸引企业和人才入驻。

通过这些措施的实施，有望进一步推动企业拓展三、四线城市市场，实现区域经济的均衡发展，提升国家整体竞争力。同时，这些政策措施也将有利于提高三、四线城市居民的生活水平和社会福利，促进社会和谐与进步。

四、培育消费文化

培育消费文化对于提高居民消费水平、推动经济增长具有重要意义。企业和社会组织可以从以下几个方面入手，共同培育三、四线城市的消费文化。

（一）教育引导

通过开展消费者教育活动，提高居民的消费意识。例如，组织消费者权益保护宣传周、开展理性消费主题讲座等，普及消费知识，引导居民树立正确的消费观念。

教育引导在培育三、四线城市消费文化中起到至关重要的作用。消费者教育活动可以提高居民的消费意识、消费技能和消费品位，引导他们树立正确的消费观念。以下是开展教育引导活动的具体措施。

1. 制订消费教育计划

企业和社会组织需共同制订一份全面、系统的消费教育计划，明确教育目标、内容和方式，确保消费教育活动的有效性和针对性。

2. 设计教育内容

消费教育内容应多样化、实用性强，涵盖消费者权益保护、产品知识、市场趋势、消费风险防范等方面。同时，要注重将地方特色和居民实际需求融入教育内容。

3. 开展主题宣传活动

定期组织消费者权益保护宣传周、理性消费主题讲座等活动，利用多种媒介宣传消费知识，提高居民对消费知识的关注度和认识。

4. 创新教育形式

采用线上线下相结合的方式开展消费教育，如利用社交媒体、网络直播、线下研讨会等形式，让消费教育更加贴近居民生活，提高教育效果。

5. 建立消费者教育平台

合作建立消费者教育平台，提供丰富的消费知识、案例分析、互动问答等功能，让消费者能够随时随地学习消费知识。

6 校园消费教育

将消费教育纳入中小学校园，通过课程、讲座、实践活动等方式，培养学生的理性消费观念，让消费教育从学生抓起。

7. 社区消费教育

在社区开展消费教育活动，如设立消费者服务站、组织消费知识讲座等，让消费教育深入基层，提高社区居民的消费素养。

8. 企业培训

鼓励企业为员工提供消费教育培训，提高员工的消费意识和服务水平，从而提升企业整体形象和市场竞争力。

9. 引入专家资源

邀请消费领域专家、学者参与消费教育活动，分享专业知识和经验，提高教育活动的权威性和实用性。

10. 消费者组织参与

鼓励消费者组织参与消费教育活动的设计和实施，以消费者的视角发现问题、提出建议，提高教育活动的针对性和实效性。

11. 案例教学

收集和整理消费领域的典型案例，以案例教学方式进行消费教育，帮助居民更加直观、深入地理解消费知识，提高教育效果。

12. 定期评估与反馈

定期评估消费教育活动的效果，收集居民反馈意见，及时调整教育计划和内容，确保消费教育活动的持续性和有效性。

13. 激励措施

设立消费知识竞赛、优秀消费者奖等激励措施，鼓励居民积极参与消费教育活动，提高消费知识和素养。

14. 跨部门协作

加强部门间的协调合作，形成消费教育工作合力，确保消费教育政策的贯彻落实。

通过实施以上措施，消费教育引导在三、四线城市将逐步深入人心，帮助居民树立正确的消费观念，提高其消费水平和消费品位。这将有助于促进三、四线城市消费市场的健康发展，推动地区经济增长。

（二）消费环境优化

消费环境优化是推动三、四线城市消费文化发展的关键因素之一。企业和社会组织需共同努力，通过改善市场环境、整顿市场秩序等手段，为居民创造一个良好的消费环境。企业也应提高服务水平，提升产品质量，赢得消费者信任。具体措施可以从以下几个方面入手。

1. 加强市场监管

加大对市场的监管力度，对违法违规行为进行严格查处，保障消费者的合法权益，维护市场秩序。同时，定期进行市场检查，确保市场的公平竞争和诚信经营。

2. 营造诚信市场

鼓励企业自觉遵守法律法规，诚信经营，树立良好的企业形象。通过评选诚信企业、设立诚信商户榜单等措施，表彰守法经营的企业，推动诚信市场文化的建设。

3. 优化营商环境

改善营商环境，简化行政手续，降低市场准入门槛，为企业提供便利的政策支持。这将有助于吸引更多优质企业进入市场，提升市场竞争力，为消费者带来更多选择。

4. 提升服务质量

鼓励企业加强员工培训，提升服务水平，改善消费者体验。同时，可设立服务质量评价体系，定期公布评价结果，激发企业提升服务质量的内生动力。

5. 保障产品质量

我们应关注产品质量问题，强化质量监管和产品检验，确保产品质量安全可靠。此外，企业应注重产品创新，满足消费者多元化的需求。

6. 打击假冒伪劣

须严厉打击假冒伪劣商品，保护消费者权益。加大对涉嫌侵权行为的查处力度，营造公平、有序的市场环境。

7. 消费者权益保护

加强消费者权益保护机制建设，设立消费者投诉渠道，为消费者提供便捷、高效的维权服务。鼓励消费者参与市场监督，发挥消费者在维护市场秩序中的作用。

8. 完善基础设施

须投入更多资源，加强对交通、通信、公共服务等基础设施的建设和改善，为企业拓展市场和为消费者提供优质服务创造有利条件。

9. 促进线上线下融合

鼓励企业探索线上线下融合发展模式，提供便捷、高效的购物体验。支持企业发展电商平台，推动实体商业与电子商务的有机结合，满足消费者多样化的消费需求。

10. 消费文化建设

加强消费文化建设，举办各类消费主题活动，如购物节、美食节、文化展览等，提升消费者的文化品位，丰富消费内涵。

11. 消费金融服务

鼓励金融机构为消费者提供多样化、便捷的金融服务，如消费贷款、信用卡等，促进消费信贷市场的发展，满足消费者的融资需求。

12. 智能化消费

推动智能消费技术的研发和应用，如智能支付、智能物流等，提高消费环境的便捷性和安全性，为消费者带来更好的消费体验。

13. 倡导绿色消费

企业和社会组织应共同倡导绿色消费理念，鼓励消费者购买环保、节能的产品，提高社会的可持续发展意识。

通过以上措施，企业和社会组织将共同努力，为三、四线城市居民营造一个安全、便利、有序的消费环境。优化消费环境将有助于引导居民形成健康、理性的消费观念，提高消费水平，推动地区经济的持续发展。

（三）消费信用体系建设

加快建立完善的消费信用体系，鼓励诚信消费，打击虚假宣传、欺诈等不良行为。通过信用信息共享，增强消费者对市场的信心。

消费信用体系建设是促进消费市场健康发展的重要基础。完善的消费信用体系能够有效维护消费者权益，规范市场秩序，增强消费者对市场的信心。

1. 完善法律法规

加强消费信用相关法律法规的制定和完善，明确消费信用体系的建设原则、目标和任务，为消费信用体系建设提供法律支持。

2. 建立信用评级体系

建立统一的消费信用评级体系，对消费者和企业的信用状况进行客观、公正的评价。信用评级结果可作为消费者信贷、购房、就业等方面的参考依据，激励消费者树立良好的信用记录。

3. 信用信息共享

企业和金融机构应加强信用信息共享，建立信用信息共享平台，实现消费者信用信息的互联互通，方便各方查询和使用。

4. 消费者信用教育

加强消费者信用教育，提高消费者对信用的认识和重视。通过举办信用知识讲座、开展信用宣传活动等形式，普及信用知识，引导消费者树立良好的信用观念。

5. 诚信激励机制

设立诚信激励机制，对具有良好信用记录的消费者和企业给予奖励，如信用优惠、金融服务优先等，以鼓励诚信消费和经营。

6. 信用惩戒制度

对失信行为，如虚假宣传、欺诈消费等，应实施信用惩戒制度，记录失信行为，限制失信者在一定期限内的金融、消费等活动。同时，加大对失信行为的处罚力度，维护市场秩序。

7. 信用修复机制

为保障消费者权益，设立信用修复机制，为失信消费者提供信用修复途径，鼓励失信者通过履行相关义务、改正错误等方式恢复信用。

8. 金融支持

鼓励金融机构根据消费者信用评级提供差异化的金融服务，如信用贷款、信用卡等。这有助于促进消费信贷市场的发展，满足不同信用等级消费者的融资需求。

9. 企业信用管理

鼓励企业建立健全内部信用管理制度，加强对员工的信用教育和培训，提高企业整体信用水平。企业应遵循诚信经营原则，加强与消费者、合作伙伴的信用沟通与协作。

10. 跨部门协作

各部门应加强协同合作，共同推动消费信用体系建设。加强部门间的信息交流和资源共享，形成消费信用体系建设的合力。

11. 社会监督与参与

鼓励社会各界参与消费信用体系建设，特别是消费者组织和行业协会，发挥专业优势，参与信用评级、信用监管等工作。加强对消费信用体系建设的社会监督，提高消费信用体系的公信力。

12. 信用产品创新

鼓励金融机构和企业创新信用产品，如信用担保、信用保险等，为消费者提供更多信用服务选择。这将有助于丰富消费信用市场，提高消费信用服务的覆盖范围和满意度。

通过实施以上措施，企业、金融机构和社会组织将共同推动消费信用体系建设，为三、四线城市居民创造一个诚信、透明的消费市场环境。完善的消费信用体系有助于提高消费者对市场的信心，引导消费者理性消费，促进地区经济的持续发展。

（四）消费文化传播

消费文化传播是推动消费市场健康发展的重要组成部分。企业和社会组织应积极探索多种传播途径，有效传播健康、理性的消费观念，形成良好的消费氛围。企业和社会组织可通过各种渠道传播健康的消费文化，如广告宣传、社交媒体、线上线下活动等。同时，可以鼓励消费者分享消费心得，形成良好的消费氛围。以下是关于消费文化传播的详细措施。

1. 广告宣传

企业应积极投放有针对性的广告宣传，传递健康、正面的消费理念。广告内容要真实、可信，避免虚假宣传和夸大事实。行业协会也可制定相应的广告准则，规范广告市场，保证广告传播的质量。

2. 社交媒体推广

企业和社会组织可利用社交媒体平台发布消费资讯、开展推广活动、分享消费故事等，吸引消费者关注和参与。同时，可鼓励消费者在社交媒体上分享消费心得，形成互动式的消费传播。

3. 线上线下活动

企业和社会组织可举办各类消费主题活动，如购物节、美食节、文化展览等，以寓教于乐的方式普及消费知识，提升消费者的消费品位。活动可设置互动环节，让消费者参与讨论，分享消费经验。

4. 消费者教育

加强消费者教育，提高消费者消费素质。企业和社会组织可开展消费知识讲座、消费者权益保护培训等活动，普及消费者权益保护知识，引导消费者形成理性消费观念。

5. 合作传播

企业和社会组织可与行业协会、媒体、学校等合作，共同开展消费文化传播活动。合作传播有助于提高消费文化传播的覆盖面和影响力，扩大消费文化的传播范围。

6. 企业社会责任

企业应承担社会责任，通过开展公益活动、支持社区建设等方式，树立良好的企业形象，为消费文化传播创造有利条件。

7. 文化创意

企业和社会组织可以发挥创意，设计有趣、富有教育意义的消费文化宣传素材，如漫画、短视频、海报等，激发消费者的兴趣，提高消费文化传播的吸引力。

8. 传播渠道拓展

企业和社会组织可通过多种渠道传播消费文化，如传统媒体、网络媒体、户外广告等，实现消费文化的全面覆盖。可根据目标受众的特点，选择合适的传播方式，提高传播效果。

9. 消费导向

在传播消费文化过程中，企业和社会组织应关注消费者需求，引导消费者关注产品质量、服务水平等方面，提高消费者的消费水平和品位。

10. 跨界合作

企业和社会组织可与其他行业、领域的机构进行合作，开展跨界消费文化传播活动。通过跨界合作，可以拓宽消费文化传播的视野，为消费者提供更多元的消费体验。

11. 案例分享

企业和社会组织可通过分享成功的消费案例、消费者故事等形式，展示良好消费文化的价值，激励更多消费者积极参与消费文化传播。

12. 评价与反馈

企业和社会组织应建立消费文化传播评价机制，收集消费者反馈意见，不断优化传播策略，提高消费文化传播的效果。

通过以上多种途径和手段，企业和社会组织共同努力，积极传播健康、理性的消费文化，可以提升消费者的消费品位和素质，为构建和谐、繁荣的消费市场环境做出贡献。

（五）公益活动

企业和社会组织可以开展多样化的公益活动，关注社会问题，承担社会责任，提升品牌形象。通过开展公益活动，既可以传播理性消费、绿色消费等观念，又可以回馈社会，提高居民的消费素质。

1. 教育支持

企业和社会组织可资助经济落后地区的教育事业，提供助学金、捐赠图书等，帮助家庭困难学生接受良好的教育。通过教育活动，普及理性消费、环保理念，提高学生的消费素质和环保意识。

2. 环保倡导

组织环保公益活动，如植树节、世界环境日等，倡导绿色消费、减少资源浪费。企业还可开展废旧物品回收活动，推动循环经济的发展，减少环境污染。

3. 关爱困难群众

企业和社会组织可通过捐款、捐物、志愿服务等方式，关爱老人、残疾人、孤儿等困难群众，提高他们的生活质量。同时，为他们提供消费指导，让他们享受到更优质的商品与服务。

4. 健康促进

组织健康公益活动，如健康讲座、义诊、免费体检等，提高居民的健康意识和健康水平。倡导健康消费观念，引导消费者选择对身体有益的商品和服务。

5. 文化传承

支持优秀传统文化的保护和传承，组织传统文化活动、手工艺品展览、非遗技艺传习等，提高民众对传统文化的认同感和自豪感。通过文化活动，传播理性消费、文明消费等观念，提高消费者的审美品位和文化素养。

6. 社区建设

参与社区建设，提供公共设施改善、绿化美化等服务，改善居民生活环境。在社区开展消费教育活动，普及消费知识，提高居民的消费能力和消费水平。

7. 灾害救援

在自然灾害发生时，企业和社会组织可以积极参与救援工作，提供物资援助、人力支持等，帮助受灾地区恢复生产和生活。同时，倡导合理消费，减轻灾后恢复的经济负担。

8. 消费者权益保护

企业和社会组织可以开展消费者权益保护活动，设立消费者维权热线、举办消费者维权讲座等，提高消费者对自身权益的认知和保护能力。通过这些活动，倡导诚信经营，减少消费者权益受损的风险。

9. 技能培训

企业和社会组织可以开展技能培训活动，为农民工、失业人员等提供职业培训和技能提升机会，帮助他们更好地适应市场需求。通过技能培训，提高居民的职业素质和收入水平，促进居民消费升级。

10. 公益创新

企业和社会组织可以开展公益创新活动，发挥社会创新力量，解决社会问题。例如，开发绿色环保产品，推广节能技术，提高资源利用效率。同时，倡导绿色消费理念，引导消费者转变消费观念和行为。

企业和社会组织可以积极履行社会责任，为社会创造更多价值。这些活动有助于传播理性消费、绿色消费等观念，提高居民的消费素质，引导社会形成良好的消费氛围。通过开展这些公益活动，企业和社会组织不仅可以积极回馈社会、承担社会责任，还可以提升自身品牌形象，树立口碑。传播理性消费、绿色消费等观念，可以引导消费者养成良好的消费习惯，提高整个社会的消费素质。

（六）本土文化挖掘

企业可挖掘三、四线城市的本土文化特色，结合消费文化推广，提升居民对本土文化的认同感，丰富消费内涵。在挖掘三、四线城市的本土文化特色方面可以采取的措施如下。

1. 调研本土文化资源

应对当地的历史文化、民间艺术、非物质文化遗产等资源进行深入调研，了解本土文化的特点和价值，为进一步的文化挖掘奠定基础。

2. 扶持本土文化产业

通过提供资金支持、人才支持等措施，帮助本土文化产业发展壮大。例如，支持本土手工艺品、土特产等的制作及销售，支持本土文化表演、展览等活动的组织和推广。

3. 文化活动推广

组织丰富多彩的文化活动，如举办本土艺术展览、民间艺术表演、传统节庆活动等，让居民深入了解和参与本土文化，提高对本土文化的认同感和自豪感。

4. 文化旅游发展

结合本土文化资源，开发特色文化旅游产品，吸引游客前来参观、体验，从而推动本土文化的传播和交流。例如，打造特色民宿、开发非遗体验活动等。

5. 本土文化教育

在学校、社区等公共场所开展本土文化教育活动，如讲座、培训班、手工艺制作等，让更多人了解、传承本土文化。

6. 本土文化创意产品

企业可将本土文化元素融入产品设计和营销策略中，创造独具特色的消费品。例如，开发本土特色的纪念品、设计具有地方特色的服装等。

7. 跨界合作

企业可与其他产业、领域进行跨界合作，以多元化的方式传播本土文化。例如，与影视、文学等领域的公司合作，创作反映本土文化的作品；与互联网公司合作，推出以本土文化为题材的网络游戏、手机应用等。

8. 媒体宣传

利用各种媒体宣传本土文化，如电视、广播、报纸、网络等，让更多人了解本土文化的魅力，提高本土文化的影响力。

9. 培育本土文化品牌

将本土文化与商业品牌结合，打造富有地方特色的文化品牌。例如，将具有历史文化底蕴的地方特色故事与现代商品相结合，为消费者带来更加丰富的消费体验。

10. 传统与现代结合

在挖掘本土文化的过程中，强调传统与现代的结合，使本土文化更具时代感和吸引力。例如，将传统工艺与现代设计相结合，创造出既保留传统特色又符合现代审美的产品。

11. 文化交流活动

组织各类文化交流活动，如艺术节、文化论坛等，邀请国内外文化专家、艺术家参与，提升本土文化的影响力和知名度。

12. 培养本土文化人才

通过设立文化艺术基金、提供奖学金等措施，培养本土文化人才，为传承和发展本土文化提供人才支持。

通过落实以上措施，企业可以挖掘和传承三、四线城市的本土文化特色，提高居民对本土文化的认同感和自豪感，丰富消费内涵，有助于培养居民的文化素养，提高整个社会的文化品质。

（七）鼓励创新消费

支持新消费模式、新消费业态的发展，鼓励居民尝试新型消费方式，如网上购物、共享经济等，以满足不同层次的消费需求。

鼓励创新消费的措施可从以下几个方面入手。

1. 技术研发

企业可以加大新消费技术的研发投入，促进新消费模式和新消费业态的技术进步。例如，投资研发在线购物平台、共享经济应用等领域的技术。

2. 人才培养

加强人才培养，为新消费领域输送专业人才。例如，举办培训班、研讨会等活动，培养具备创新精神和实践能力的人才。

3. 消费者引导

通过媒体、网络等渠道，普及消费知识，让居民了解新型消费方式的优势，引导消费者尝试新型消费方式。

4. 跨界合作

企业可以与其他产业、领域进行跨界合作，共同推动创新消费发展。例如，与科技企业合作，开发智能消费产品；与金融机构合作，推广线上支付等创新金融服务。

5. 品牌打造

企业可以借助创新消费发展机遇，打造自身品牌形象，提升市场竞争力。例如，企业可将自身产品或服务与创新消费理念相结合，传播品牌价值观，吸引更多消费者。

6. 营销策略创新

企业应结合新消费模式、新消费业态的特点，创新营销策略，拓展市场。例如，利用社交媒体、短视频等平台进行营销推广，吸引年轻消费者。

7. 反馈机制

建立有效的消费者反馈机制，及时收集消费者对创新消费的意见和建议，不断优化产品和服务。例如，设立客户服务热线，开展消费者满意度调查等。

上述措施的实施，可推动新消费模式和新消费业态的发展，鼓励居民尝试新型消费方式，满足居民不同层次的消费需求。这些举措将有助于激发消费潜力，推动经济增长，提高居民的生活质量。

（八）鼓励跨界合作

鼓励企业与不同行业、领域的合作伙伴进行跨界合作，通过联合推广、共同举办活动等方式，共同传播消费文化，扩大消费影响力。

跨界合作是企业在消费市场中寻求创新和拓展的重要方式，有助于拓宽业务范围，提升市场竞争力。

1. 跨行业联盟

企业可与来自不同行业的合作伙伴建立跨行业联盟，共同开发新产品、新服务，满足消费者多样化的需求。例如，科技企业与时尚品牌跨界合作，共同打造智能穿戴产品。

2. 跨领域研发

企业可与科研机构、高校等进行跨领域研发合作，共同推进技术创新和产业升级。例如，企业与科研机构合作，研发绿色环保的消费产品和技术。

3. 品牌合作

企业之间可开展品牌合作，通过共同举办活动、联合推广等方式，互相借力，提升品牌影响力。例如，两个知名品牌合作推出限量款产品，吸引消费者关注。

4. 文化产业合作

企业可以与文化产业跨界合作，共同传播消费文化，丰富消费内涵。例如，电影、音乐等艺术领域的公司与商品品牌的合作，可以让消费者在消费过程中感受到文化魅力。

5. 共享经济合作

企业可与共享经济平台合作，共同开发新的消费模式。例如，汽车制造商与共享汽车平台合作，提供短期租赁服务，满足消费者临时用车需求。

6. 社会责任合作

企业可与公益组织、非营利性机构等进行合作，共同承担社会责任，传播正能量。例如，企业与环保组织合作，开展绿色消费宣传活动。

7. 跨境合作

企业可与国际市场合作伙伴进行跨境合作，共同拓展海外市场，提升品牌国际知名度。例如，企业与境外知名品牌进行合作，共同开发适合本土市场的产品。

8. 资源整合

企业之间可进行资源整合，共享市场渠道、技术资源等，优势互补，降低成本，提高市场竞争力。例如，企业与物流公司合作，共建仓储物流体系。

9. 智能科技合作

企业可以与科技领域的创新企业进行合作，将智能科技应用于产品和服务的创新中，增强消费者体验。例如，家居品牌与智能家居技术公司合作，共同开发智能家居产品。

10. 营销策略合作

企业之间可以开展营销策略的合作，通过共同投资广告、举办活动等方式，共享营销资源，降低营销成本。例如，多个品牌共同举办购物节活动，吸引消费者参与。

11. 产业链合作

企业可以与产业链上下游的合作伙伴进行紧密合作，实现产业链协同发展，提高整体竞争力。例如，原材料供应商、生产企业和销售企业之间的合作，共同优化产品品质和价格。

12. 政企合作

企业可与当地政府部门建立良好的合作关系，共同推进政策落地、优化营商环境，促进消费市场的健康发展。例如，企业与当地政府共同推动电商产业发展，提升居民网络消费水平。

13. 知识产权合作

企业之间可以开展知识产权的合作，共享专利、技术等资源，提高创新能力和市场竞争力。例如，企业之间的技术许可和专利转让合作。

通过以上各种跨界合作形式，企业可以在不断创新、拓展市场、提升品牌价值的过程中，实现合作共赢，共同推动消费文化的传播和消费市场的繁荣。同时，跨界合作也有助于加强各领域之间的交流与融合，为消费者带来更加丰富、多元化的消费选择。

这些措施都有望在三、四线城市形成健康、繁荣的消费文化，进一步提高居民的生活质量，推动地区经济的发展。同时，这将有助于提升企业的市场竞争力，实现可持续发展。

第三章　数字经济驱动下消费内容的多元化

数字经济的快速发展推动了消费市场的变革和升级，数字技术的应用和互联网技术的发展为消费内容的多元化提供了新的机遇和动力。传统领域与互联网的结合、服务性消费的发展、知识付费和高层次消费的出现、直播带货新业态的发展等方面都呈现出了消费内容多元化的趋势。

第一节　传统行业与互联网的结合

传统行业与互联网的结合是数字经济背景下消费内容多元化的重要方向之一。随着数字技术的应用和互联网技术的发展，传统行业逐渐实现数字化、智能化和平台化，推出了新的商业模式和消费方式。例如，线下零售业可以通过线上销售渠道实现全渠道销售和消费服务，为消费者提供更多的购物方式和消费体验。

一、数字化转型

互联网技术可以帮助传统行业实现数字化转型，还可以帮助传统行业实现智能化，如在制造业领域引入物联网技术和数据分析技术，实现设备联网、智能控制和生产流程优化，提高生产效率和品质，降低生产成本。数字化转型还可以提高传统行业的数据采集和分析能力，帮助企业更好地了解市场需求和消费者行为，提高自身决策效率和竞争力。

随着互联网技术的发展和普及，越来越多的传统行业开始认识到数字化转型的重要性，将传统业务模式转型为数字化业务模式，以提高企业的效率和竞争力。

数字化转型需要依赖数字技术，如大数据、云计算、物联网、人工智能等技术。数字技术能够将传统行业的生产、管理、销售等各个环节数字化。

数字化转型的具体内容如下。

第一，线上销售。通过建立电子商务平台，实现传统企业的线上销售，将线下销售与线上销售结合起来，实现全渠道销售。

第二，订单管理。将订单管理流程数字化，从而实现自动化的订单处理、库存管理和物流配送。

第三，数据分析。将企业的各种数据数字化，通过大数据和数据分析技术，提高企业对市场需求和消费者行为的了解和洞察能力，以更好地制定销售策略和经营决策。

第四，信息共享。实现企业内部、企业之间以及企业与消费者之间的信息共享，提高沟通效率和信息传递速度，从而更好地满足消费者需求。

数字化转型的好处包括以下几点。

第一，提高效率。企业可以将传统业务流程数字化，实现自动化的订单处理、库存管理和物流配送，提高效率，减少人工成本。

第二，增加销售额。数字化转型能够帮助企业拓展销售渠道，提高销售额和市场占有率。

第三，提高竞争力。企业可以提高管理效率和服务质量，提高竞争力，实现可持续发展。

第四，个性化服务。数字化转型可以帮助企业更好地了解消费者需求和行为，提供更加个性化的服务，提高用户满意度。

数字化转型是传统行业与互联网结合的重要方式之一。数字技术的应用，可以帮助企业实现数字化、智能化和平台化，更好地满足消费者需求，增强企业竞争力和可持续发展能力。

二、平台化运营

互联网技术可以帮助传统行业实现平台化运营，如在金融、教育、医疗、旅游等领域，通过互联网技术实现平台化运营，提供更加便捷、高效和安全的服务。平台化运营还可以帮助传统行业拓展市场，促进产业协同发展，提高经济效益和社会效益。通过互联网技术，传统行业可以实现在线上建立交易平台，让消费者更加便捷地获得各种服务。

平台化运营的具体内容如下。

第一，建立交易平台。通过互联网技术，建立交易平台，将生产者和消费者直接连接起来，实现零售、批发、拍卖、租赁等多种交易方式。

第二，提供更加便捷的服务。通过平台化运营，传统行业可以提供更加便捷、高效和安全的服务。例如，在医疗领域，通过互联网技术，实现在线医疗咨询、预约挂号、药品购买等服务。

第三，促进产业协同发展。通过平台化运营，传统行业可以实现产业链上下游企业之间的协同发展，从而提高产业效益和增加市场份额。

第四，个性化服务。通过平台化运营，传统行业可以更好地了解消费者需求和行为，提供更加个性化的服务，提高用户满意度。

平台化运营的好处有如下几点。

第一，扩大市场。通过建立交易平台，传统行业可以扩大销售市场，实现更广泛的业务覆盖面。

第二，提高效率。通过平台化运营，传统行业可以实现自动化的订单处理、库存管理和物流配送，从而提高效率和降低成本。

第三，降低风险。通过平台化运营，传统行业可以降低风险。例如，在金融领域，通过建立互联网金融平台，实现在线上购买理财产品，可以降低金融交易的风险。

第四，提高收益。通过平台化运营，传统行业可以提高收益。例如，在旅游领域，通过在线上售卖旅游产品和服务，可以提高收益。

平台化运营是传统行业与互联网结合的重要方式之一。互联网技术的应用，可以帮助企业更好地满足消费者需求，实现可持续发展。

三、新商业模式

新商业模式是指基于互联网技术的创新商业模式，与传统商业模式相比，它更加注重个性化、差异化和创新性。互联网技术可以推出新的商业模式和消费方式。例如，在零售行业，通过 O2O 模式（线上到线下）实现全渠道销售和消费服务，为消费者提供更多的购物方式和消费体验。新商业模式可以帮助传统行业拓展市场，提高销售额和利润率，增强企业竞争力和可持续发展能力。

新商业模式的具体内容如下。

第一，O2O 模式。O2O 模式是指利用互联网技术，将线上的广告、销售、服务等与线下的实体店铺、门店、服务点等相结合，以提高消费者购物体验和服务水平。例如，通过线下扫码购买商品并在线上付款，实现线上和线下的交易和服务。

第二，S2B2C 模式。S2B2C 模式是指将供应商、企业和消费者连接在一起的商业模式，通过互联网技术，实现供应商向企业提供产品和服务，再由企业向消费者提供产品和服务。例如，在服装行业，品牌厂商可以利用 S2B2C 模式，将自己的产品通过电商平台或线下销售渠道卖给零售商或代理商，由零售商或代理商向消费者销售产品。

第三，共享经济模式。共享经济模式是利用互联网技术，实现资源的共享和利用的商业模式。例如，共享汽车、共享单车、共享住宿等。这种模式不仅能够减少资源的浪费、提高资源利用率，还能降低消费者的成本。

新商业模式的好处包括以下几点。

第一，提高消费者体验。新商业模式可以提高消费者的体验和服务水平。例如，通过O2O模式，消费者可以选择更加便捷的购物方式。

第二，增加销售额。新商业模式可以拓展销售渠道，增加销售额和市场占有率。

第三，降低成本。新商业模式可以降低企业的成本。例如，通过共享经济模式，可以减少中间环节，降低成本。

第四，创新性。新商业模式注重创新性和差异化，可以帮助企业在竞争中脱颖而出。

新商业模式是传统行业与互联网结合的重要方式之一，通过创新商业模式，可以满足消费者日益增长的多元化需求，提高企业效益和竞争力，为消费者提供更好的消费体验和服务。同时，新商业模式还能够推动传统行业转型升级，实现可持续发展。

四、满足消费者需求

传统行业与互联网的结合，可以满足消费者日益增长的多元化需求。例如，在旅游行业，通过互联网技术，提供更多的旅游产品和服务，满足消费者个性化需求。

满足消费者需求具体有以下几项内容。

第一，个性化定制。可以实现个性化定制服务，根据消费者的需求和喜好，提供个性化的产品和服务。例如，在服装行业，通过线上量身定制服装，消费者可以获得符合自己需求的服装产品。

第二，多元化产品。可以提供更多的产品和服务，满足消费者多元化的需求。例如，在旅游行业，通过线上销售旅游产品和服务，消费者可以获得更加多样化的旅游选择。

第三，便捷的消费体验。可以提供更加便捷的消费体验。例如，通过 O2O 模式，消费者可以在线上购买产品，在线下门店取货或获得服务。

第四，快速的服务响应。可以实现快速的服务响应。例如，在金融行业，通过互联网银行，消费者可以随时随地进行银行业务操作。

满足消费者需求的好处包括以下几点。

第一，提高消费者满意度。可以提高消费者满意度，增加消费者忠诚度。

第二，增加市场份额。满足消费者多元化的需求，可以拓展销售市场，增加市场份额和市场竞争力。

第三，增加销售额。可以增加销售额和收入。

第四，创造新机会。可以创造新的商业机会和市场前景，促进行业的发展和创新。

传统行业与互联网的结合还可以帮助传统行业实现数字化、智能化和平台化，推出新的商业模式和消费方式，满足消费者需求，为传统行业注入新的活力和动力。

第二节　服务性消费的发展

服务性消费的发展也是数字经济背景下消费内容多元化的重要发展方向之一。数字经济的快速发展为服务业的数字化和智能化提供了新的机遇和动力。数字技术和互联网技术的应用为服务业提供了更多的数字化服务和智能化解决方案，推动了服务性消费的快速发展。例如，在医疗、教育、金融等领域，数字技术和互联网技术的应用可以为消费者提供更多的在线服务和数字化解决方案。

一、数字化服务

数字化服务是数字经济背景下服务业的重要发展方向之一。数字技术和互联网技术的应用，可以为服务业提供更多的数字化服务，包括医疗、金融、教育等领域。

在医疗行业，数字化服务的应用可以帮助消费者避免排队等候。通过互联网医院，消费者可以在线上咨询医生、挂号、缴费等，提高了医疗服务效率和便利性。此外，数字化服务还可以提供更多的医疗信息和资源，帮助消费者更好地管理自己的健康状况。例如，在线医疗平台可以提供疾病诊断、健康管理、预防保健等服务。

在金融行业，数字化服务可以提供更加便捷和快速的金融服务。例如，在线银行、理财、支付等服务可以使消费者通过手机App、网站等进行操作。数字化服务还可以提供更加智能和个性化的金融服务。例如，在线投资平台可以为消费者提供更加个性化的投资方案和建议，帮助消费者更好地管理自己的财务状况。

在教育行业，数字化服务可以提供更加个性化和智能化的教育服务。例如，在线教育平台可以为消费者提供随时随地的学习体验和个性化的课程服务，避免了传统教育的时空限制和学科局限。数字化服务还可以提供更加丰富和多元化的学习资源和工具。例如，在线学习平台可以提供课程视频、教材、作业等资源，帮助消费者更好地学习和提高自己的能力。

数字化服务还可以提高服务质量。企业通过数字化服务，可以提高服务质量，保证服务的稳定性和可靠性；可以降低服务成本和运营成本，提高自身的盈利能力和市场竞争力。数字化服务还可以提高市场的透明度和公平性，促进行业发展。

数字技术和互联网技术的应用可以为服务业提供更多的数字化服务和解决方案，带来更多的商业机会。

二、智能化解决方案

数字技术和互联网技术的应用可以为服务业提供智能化解决方案，帮助服务业提高服务品质，满足消费者多元化的需求。

在教育行业，智能化解决方案可以通过在线教育平台为消费者提供更加便捷和个性化的学习体验。消费者可以根据自己的需求和时间自由选择学习的课程，随时随地进行学习，节省了学习的时间和成本。此外，智能化解决方案还可以为消费者提供更加精准和个性化的学习资源和建议。例如，应用人工智能技术可以为消费者推荐最适合自己的学习方案和内容。

在医疗行业，智能化解决方案可以通过人工智能诊断、远程医疗等技术为患者提供更加快捷和精准的医疗服务。人工智能诊断技术可以为医生提供更加精准和快速的诊断结果，降低了误诊率和漏诊率。远程医疗技术可以为患者提供更加便捷和灵活的医疗服务，消费者可以通过在线视频等方式咨询医生。

智能化解决方案的好处包括以下几个方面。

第一，提高服务品质，提高消费者的满意度和体验。

第二，降低服务成本和运营成本，提高企业的盈利能力。

第三，为消费者提供更加个性化和精准化的服务，满足消费者多元化的需求。

第四，促进服务业的创新发展，推动服务业的数字化和智能化发展。

第五，提高服务效率，减少等待时间和烦琐手续。

第六，优化资源配置，提高资源利用率和效益，减少资源浪费。

第七，促进服务业合作和共享，推动服务业协同发展，提高整体效率。

数字技术和互联网技术的应用可以为服务业提供更多的智能化解决方案，帮助服务业提高服务品质和效率，满足消费者多元化的需求。

三、个性化定制服务

数字技术和互联网技术的应用可以为服务业提供个性化定制服务，满足消费者多元化的需求，提高服务品质和消费者满意度。

在旅游行业，个性化定制服务可以通过旅游 App 实现。消费者可以在 App 上预订符合自己需求和兴趣的旅游线路和产品，根据自己的喜好，选择旅游目的地、景点、酒店等，定制自己的旅游行程。旅游 App 还可以提供个性化的旅游攻略和建议，根据消费者的兴趣和需求，为消费者推荐最合适的旅游方案和产品。

个性化定制服务还可以在其他领域得到应用。例如，在服装行业，通过定制化的方式为消费者提供个性化的服装服务。消费者可以根据自己的身形和喜好，选择款式、材质、颜色等，定制自己的服装。这种方式不仅能够满足消费者个性化的需求，还能够减少库存和浪费，提高了资源的利用效率。

个性化定制服务的好处包括以下几点。

第一，为消费者提供个性化的服务，满足消费者多元化的需求。

第二，提高服务品质和效率，提高消费者满意度。

第三，降低库存成本和资源浪费，提高资源的利用效率和效益。

第四，促进服务业的创新发展，推动服务业的数字化和个性化发展。

个性化定制服务是数字经济背景下服务业个性化发展的重要方向之一。数字技术和互联网技术的应用可以为服务业提供更加个性化的定制服务，满足消费者多元化的需求，提高服务品质和消费者满意度，也为服务业注入了新的活力和增长动力。

服务性消费发展迅速能提高消费者的满意度和忠诚度。通过数字化和智能化服务，企业可以拓展销售市场，增加市场份额和增强市场竞争力，提高服务效率和品质，减少服务成本。数字化和智能化服务还可以创造新的商业机会和市场前景，促进行业的发展和创新。

第三节 知识付费、高端消费的出现

随着知识经济和文化经济的快速发展，知识付费和高端消费已经成为消费市场的重要趋势。数字技术和互联网技术的应用可以为知识付费和高端消费提供更多的数字化服务和智能化解决方案，也可以为消费者提供更多的在线学习、在线娱乐等服务。例如，在线教育、在线文化等领域，数字技术和互联网技术的应用可以为消费者提供更多的知识付费和高端消费的服务。

数字经济的发展促进了知识付费和高端消费的兴起，也为消费市场的升级和转型提供了新的动力。

一、知识付费

知识付费是数字经济背景下服务业的一种新型业态，是指消费者为了获取知识、技能等而进行的付费行为。随着数字经济的发展，越来越多的知识付费产品和服务涌现出来，如在线学习平台、在线阅读平台等。这些平台通过丰富的知识内容和便捷的服务方式，吸引了越来越多的用户。同时，知识付费也为个人用户提供了一种通过学习来提升自我价值的方式。

针对知识付费，可以从以下几个方面进行详细介绍。

（一）知识付费的背景

知识付费是指消费者为了获取知识、技能等方面的增值而进行的付费行为。随着数字经济的快速发展，知识付费的市场规模逐渐扩大，成为服务业的新兴领域之一。知识付费市场前景广阔，越来越多的知识付费产品和服务涌现出来。

知识付费作为数字经济时代的一种新型消费形式，与互联网技术和数字技术的发展密不可分。随着信息技术的进步和人们对个人发展的重视，知识付费逐渐成为一种越来越流行的消费方式。

首先，数字技术的发展为知识付费提供了新的机遇。随着移动互联网技术和数字技术的普及，知识付费产品和服务可以随时随地通过手机、电脑等终端获取，为消费者提供了更加便捷的学习体验和个性化的服务。

其次，数字经济的崛起为知识付费提供了更广阔的市场空间。随着数字经济的发展，人们对知识、技能和创意等价值的认识逐渐提高，知识付费逐渐成为一个成熟的市场。

最后，知识付费与人们对个人价值的追求密切相关。在数字经济时代，个人价值的提升和实现越来越被重视，知识付费为个人提供了一种通过学习来提升自我价值的方式。

（二）知识付费的优势

知识付费的优势在于提供了丰富的知识内容和便捷的服务方式，可以满足消费者的需求。

1. 满足消费者需求

知识付费产品和服务可以满足消费者多元化的知识需求，帮助消费者提高自身素质和技能水平，实现个人价值的提升。

2. 便捷的学习方式

通过知识付费平台，消费者可以在任何时间和地点学习知识，提高学习的便捷性和效率。

3. 个性化的服务

知识付费产品和服务可以根据消费者的兴趣和需求提供个性化的学习方案和服务，满足不同消费者的需求。

4. 服务品质较高

知识付费产品和服务提高了服务品质，通过应用数字化技术，降低了服务成本，提高了服务效率。

（三）知识付费的形式

知识付费的形式多种多样，包括在线学习平台、在线阅读平台、数字化培训课程等。这些形式都具有便捷、高效、个性化的特点，满足了不同消费者的需求。

根据不同的消费者需求和学习方式，知识付费平台提供了各种不同形式的知识付费产品和服务。

1. 在线学习平台

在线学习平台是知识付费的一种主要形式。这种形式通过网络提供各种课程和学习资源，消费者可以根据自己的需求和兴趣选择适合自己的课程进行学习。在线学习平台通常具有个性化、高效、便捷的特点，可以满足消费者随时随地进行学习的需求。

2. 在线阅读平台

在线阅读平台是指提供数字化阅读材料的平台，包括电子书、电子杂志、电子报等。这种形式通过数字化技术，将传统纸质阅读材料转化为数字形式，为消费者提供了更加便捷和灵活的阅读方式。

3. 数字化培训课程

数字化培训课程是指以数字化技术为支持，利用多媒体、互动性、智能化等手段设计和开发的培训课程。数字化培训课程通过应用数字技术，将传统的培训课程转化为数字形式，为消费者提供更加便捷、高效和个性化的学习体验。

4. 直播课程

直播课程是一种实时在线教育形式，通过网络实时直播授课，消费者可以通过互联网观看并参与互动。直播课程具有即时性和互动性的特点，可以提高消费者的学习兴趣和参与度。

应用数字技术和互联网技术，知识付费产品和服务可以便捷、高效、个性化地为消费者提供更加优质的学习体验和服务。

（四）知识付费的应用场景

知识付费的应用场景十分广泛，包括教育、职业培训、娱乐、文化、金融等领域。知识付费可以提供多元化的知识内容和便捷的服务方式，满足不同领域消费者的需求。

在教育领域，知识付费平台为消费者提供了便捷的在线教育资源。消费者可以根据自己的需求选择不同类型的知识付费产品，提升学习效果。

在职业培训领域，知识付费可以为职场人士提供各种培训课程和职业规划方案，帮助他们提升专业技能和职业素养，提高职业竞争力。

在娱乐和文化领域，知识付费平台为消费者提供了音乐、电影、电视剧、动漫、小说等文化和娱乐内容，丰富了消费者的生活娱乐体验。

在金融领域，知识付费平台为消费者提供了金融投资、理财、风险管理等方面的知识内容和服务，可以帮助消费者更好地理解金融市场，提高投资收益和风险控制能力。

（五）知识付费的未来发展趋势

随着数字经济的不断发展，知识付费市场将进一步扩大和升级。未来，知识付费将更加注重个性化服务和创新模式的探索，提供更加多元化、深入的知识内容和服务方式，为消费者提供更高质量的服务。

具体来说，未来知识付费市场将呈现出以下趋势。

1. 个性化服务的提升

未来知识付费平台将更加注重个性化服务，通过智能化技术和大数据分析等手段，为消费者提供更加符合其需求和兴趣的知识内容与服务。

2. 创新模式的探索

未来知识付费平台将不断探索创新模式，如基于社交网络的知识付费平台、基于用户生成内容的知识付费平台等，以提供更加有趣、新颖的消费体验。

3. 多元化内容的呈现

未来知识付费平台将呈现更加多元化、深入的知识内容，涉及领域也将更加广泛，如文化艺术、时尚生活等领域。

4. 产业融合的加强

未来知识付费市场将与其他产业进行更加深入的融合，如知识付费与电商、游戏等产业的融合，形成更加完整的生态圈。

知识付费作为数字经济时代服务业的新型业态，具有广阔的市场前景和潜力。应用数字化技术和互联网技术，知识付费可以为消费者提供更加便捷、个性化和高效的知识付费服务，推动服务业数字化和个性化发展。通过知识付费，消费者可以获取更多的知识和技能，提高自身的竞争力和职业发展潜力，实现自我价值的提升。

二、高端消费

随着数字经济的发展，高端消费市场也迅速壮大起来，其中不乏数字经济企业的身影。例如，高端旅游平台提供奢华私人定制服务，奢侈品电商平台则提供多元化、高品质的奢侈品购物体验。以下是高端消费内容的详细介绍。

（一）高端旅游

随着生活水平和人们对旅游需求的不断提高，高端旅游市场正在迅速发展。数字经济企业则通过提供奢华私人定制服务来满足高端消费者的需求。这些服务包括定制高端游、私人游艇租赁等，以及提供更具个性化和高品质的旅游体验。

（二）豪华汽车

豪华汽车也是高端消费的重要领域。数字经济企业通过在线展示、定制和预订服务等方式，满足消费者个性化的需求，提供更高品质的购车和售后服务。

首先，在线展示平台为消费者提供了更加全面、透明的汽车信息，消费者可以在线上进行汽车型号、配置、价格等方面的查询和比较，以便更好地做出购车决策。

其次，数字经济企业还提供了个性化的定制服务，以满足消费者不同的需求和喜好。企业通过在线购车平台提供了自由组装的选项，让消费者可以根据自己的需求和预算进行灵活组装。

最后，数字经济企业通过线上预订和售后服务等方式，提供了更加便捷、高效的购车和售后服务。例如，汽车线上售后服务平台提供了预约维修、保养、更换零部件等服务，消费者可以在家里通过手机App进行预约和查询服务进度，避免了传统汽车售后服务中等待、排队等烦琐的环节。

（三）奢侈品

随着数字经济的发展，越来越多的奢侈品品牌开始意识到数字化转型的重要性，开始探索数字化营销、电子商务等新模式。数字经济企业也纷纷进军奢侈品领域，通过创新业务模式和技术手段，为消费者提供更好的奢侈品购物体验。以下是数字经济企业在奢侈品领域发挥作用的几个方面。

1. 电商平台

电商平台是数字经济企业在奢侈品领域的重要突破口之一。通过电商平台，奢侈品品牌可以将商品信息在全球范围内进行展示，提供更加便捷、快速的销售渠道。数字经济企业可以通过平台的在线销售、物流配送等服务，为消费者提供更加优质、高效的购物体验。

2. 在线展示和预订

数字经济企业还可以通过在线展示和预订等方式，为消费者提供更加高品质的奢侈品购物体验。通过全方位的展示和预订服务，数字经济企业可以帮助奢侈品品牌吸引更多消费者，提高品牌知名度和美誉度。

3. 个性化定制

个性化定制是数字经济企业在奢侈品领域的又一重要突破口。应用数字技术，数字经济企业可以为消费者提供更加个性化的定制服务，满足消费者的个性化需求。例如，在珠宝、手表等领域，消费者可以根据自己的喜好、需求等，选择不同的款式、材质、工艺等，实现个性化定制。

4. 社交媒体营销

社交媒体营销是数字经济企业在奢侈品领域的又一个创新方向。通过社交媒体平台的营销手段，数字经济企业可以将品牌形象和奢侈品文化进行宣传和推广，吸引更多消费者的关注和参与，提高品牌美誉度和市场占有率。

数字经济企业在奢侈品领域的发展，为消费者提供了更加便捷、高品质的奢侈品购物体验。未来，随着数字经济的不断发展，数字经济企业在奢侈品领域的作用将会进一步加强。

随着数字经济的发展，高端消费市场将继续扩大，数字经济企业将会在高端消费领域发挥更加重要的作用。通过提供更加多元化、高品质的服务方式和内容，数字经济企业可以为高端消费者提供更好的消费体验。

第四节　直播带货新业态的发展

直播带货是指通过网络直播平台，以视频直播的形式进行商品展示和销售的商业模式。直播带货是数字经济背景下新兴的消费业态之一，也是数字经济驱动消费内容多元化的重要方向之一。直播带货通过应用互联网技术和数字技术，将商品展示和销售相结合，为消费者提供了更多的购物渠道和消费方式。直播带货已经成为化妆品、服装、家居等领域的重要销售渠道，并且在农产品、手工艺品等领域也得到了广泛应用。

一、直播带货是数字经济背景下新兴的消费业态之一

直播带货作为一种新兴的消费业态，主要得益于数字经济背景下互联网和数字技术的快速发展。

在数字经济背景下，消费者对商品选择和购买渠道的需求变得更加多元化和个性化。传统的商业模式已经无法满足消费者的需求，这就为新兴的消费业态，如直播带货提供了机会。

消费者可以通过直播平台在线观看商品的展示和介绍，了解商品的详细信息，与主播进行互动交流，提出问题并得到解答，增强了消费者对商品的信任感和购买欲望。同时，直播带货能够为商家提供更多的销售机会和发展空间。

随着互联网和数字技术的不断发展，直播带货将会涉及更广泛的商品和服务领域，为消费者提供更加丰富多样的消费体验。在未来的发展中，直播带货将会进一步完善和优化，提高消费者的购物体验和商家的服务质量，成为数字经济发展中重要的消费业态之一。

二、直播带货是数字经济驱动消费内容多元化的重要方向之一

在数字经济背景下，消费者对商品的选择和购买渠道的需求变得更加多元化和个性化。直播带货作为数字经济驱动消费内容多元化的重要方向之一，能够为消费者提供更多样化的购物渠道和消费方式，推动消费市场向更加多元化和个性化方向发展。

直播带货是一种创新的商业模式，它能够刺激传统行业的创新和转型，推动商业模式的变革和升级。它也为新兴行业提供了发展机会，带动数字经济的发展和壮大。直播带货能够为商家提供更加便捷、高效的销售渠道，可以快速地推广商品和服务，提高商品销售效率和利润率，也降低了商家的运营成本和风险。

直播带货不仅在传统的消费领域得到广泛应用，而且在新兴的领域和行业中也得到了广泛的应用，如农产品、手工艺品等领域，促进了传统产业向数字化、智能化、绿色化转型升级。

直播带货的发展也带动了数字经济的多元化发展。数字经济以互联网和数字技术为基础，不断推出新的商业模式和服务，为消费者提供更加多元化的消费内容。直播带货作为数字经济中的一种新型商业模式，也推动了数字经济的多元化发展。随着数字经济的快速发展，直播带货将会更加多样化和普及化，为消费者提供更加便捷、高效、丰富的消费体验，为商家提供更多的销售机会和品牌推广渠道，为数字经济的发展注入新的活力。

三、直播带货通过互联网技术和数字技术的应用，将商品展示和销售相结合

直播带货的核心在于将商品展示和销售相结合，通过互联网和数字技术的应用，让消费者可以在线观看商品的展示和介绍，并且直接在线下单购买。这种模式不仅节省了消费者的时间和精力，还提高了消费者对商品的了解和信任程度。

具体来说，直播带货的实现离不开以下几项技术的应用。

（一）直播技术

直播技术是直播带货实现的基础。通过直播技术，商家可以将商品的展示和介绍以视频直播的形式呈现给消费者，提高商品的真实性和直观性。

（二）互动技术

直播带货具有较强的互动性，消费者可以与主播进行实时互动交流，提出问题并得到解答，增强了消费者对于商品的信任感和购买欲望。互动技术的应用可以提高直播带货的互动性和参与度。

（三）数据分析技术

直播带货过程中会产生大量的数据，包括商品的点击量、观看量、销售量等信息。通过数据分析技术，商家可以分析消费者的消费行为和偏好，了解消费者的需求和反馈，进而调整商品的展示和营销策略。

（四）移动支付技术

直播带货是一种在线销售模式，消费者可以在线下单购买，这就需要移动支付技术的支持。移动支付技术的应用提高了直播带货的购物便捷性和效率。

直播带货的出现，极大地提高了商品销售的效率和效果，也推动了互联网和数字技术在传统商业领域的应用和创新。

四、直播带货已成为重要的销售渠道

直播带货已经成为化妆品、服装、家居等领域重要的销售渠道，这主要得益于以下几个方面的原因。

（一）直播带货能够提高商品的展示效果

直播带货已经成为近年来电商领域的热门趋势，采用视频直播的形式进行商品展示和介绍。

首先，直播带货可以让消费者更加真实地感受商品的质量和使用效果。相比于传统的商品图片和文字介绍，直播视频能够更加真实地展示商品的外观、颜色、质感等特点，消费者可以更加准确地了解商品的特点和优势，从而增强了他们的购买欲望和信任感。

其次，直播带货可以提高商品的展示效果。直播视频采用动态展示的形式，能够更好地突出商品的特点和卖点，展示商品的使用效果和优势，增强了商品的吸引力，提高商品的曝光度和销售效果。

最后，直播带货还可以提高消费者的购买体验。直播视频不仅可以展示商品的特点和优势，还可以提供实时的咨询和客户服务，让消费者在购买商品时获得更加全面的信息和支持。通过直播带货，商家可以与消费者进行实时互动，解答消费者的疑问，提高消费者的购买体验和满意度。

直播带货是一种创新的销售方式，在电商行业竞争日益激烈的今天，直播带货已经成为商家吸引消费者和提高销售额的重要工具之一。

（二）直播带货具有较强的互动性

直播带货的互动性较强，消费者可以通过直播视频与主播进行实时互动交流，提出问题并得到解答，了解商品的特点、使用方法、适用人群等信息，从而更好地决定是否购买商品。特别是对于化妆品、服装、家居等个性化需求差异较大的商品，直播带货的互动性能够为消费者提供更加个性化和专业化的服务。

直播带货能够提高商家的销售额。通过直播带货，商家可以与消费者进行实时互动交流，解答消费者的问题，提供更加全面和专业的服务，从而增加消费者的信任感和购买欲望。此外，通过直播带货还能够提高商品的曝光率和销售量，促进商家销售额的提高。

（三）直播带货能够提高销售转化率

直播带货能够提高商品销售转化率，特别是针对那些线上销售较难的商品，如化妆品、服装、家居等商品，直播带货的形式能够更好地展示商品效果和特点，提高消费者对商品的购买欲望和信任感，从而增加商品的销售量和转化率。

（四）直播带货能够提高品牌曝光度和影响力

直播带货通过应用互联网和数字技术，将商品展示和销售相结合，能够更有效地扩大品牌的曝光度和影响力。尤其是对于中小品牌来说，直播带货是一种很好的品牌推广方式。

除了传统的化妆品、服装、家居等领域，直播带货也在农产品、手工艺品等领域得到了广泛应用。通过直播带货，这些领域的商家可以直接面向消费者进行销售，打破了传统销售渠道的限制，可以将更多的优质产品展示给消费者，提高消费者的购买决策水平和消费体验。

在未来的发展中，随着互联网和数字技术的不断创新和进步，直播带货将会更加普及和多样化，为消费者提供更加丰富多样的消费体验，为商家提供更多的销售机会和发展空间。

五、直播带货的发展前景

直播带货是数字经济驱动消费内容多元化的重要方向之一，随着互联网和数字技术的发展，直播带货的发展前景十分广阔，未来将会涉及更加广泛的商品和服务领域。以下是对直播带货发展前景几个方面的分析。

（一）市场潜力巨大

直播带货是一种全新的购物方式，将传统的线下购物体验转移到了线上，具有较高的便捷性和实时性。预计未来直播带货市场规模将会持续增长，并涉及更多的商品品类，从而更好地满足消费者对更加丰富多样的购物体验的需求。

（二）促进产业升级

直播带货作为数字经济中的一种新型商业模式，将推动传统产业的数字化和智能化升级。同时，直播带货也将为一些小型企业和个体经营者提供更多的销售机会和发展空间，将推动小微企业的发展，促进就业。

（三）技术创新带动发展

随着技术的不断创新和进步，未来直播带货将会越来越多地采用人工智能、虚拟现实、增强现实等技术，提供更加智能化、沉浸式的购物体验。同时，还将会出现更加智能化的直播带货平台和工具，提高直播带货的效率和体验。

（四）与其他商业模式融合

未来直播带货将会与其他商业模式进行融合，如电商平台、社交媒体等，从而为商家提供更多的销售机会和品牌推广渠道。同时，直播带货将会与其他形式的娱乐活动相结合，提供更加全面的消费体验。

（五）直播带货品类将会多样化

直播带货不仅在化妆品、服装、家居等领域得到了广泛应用，而且在其他领域得到了越来越多的关注和应用，如农产品、手工艺品等领域。未来，直播带货品类将会更加多样化，为消费者提供更加丰富多样的购物体验。

（六）直播带货将会普及化

随着互联网和数字技术的普及，越来越多的消费者将会接受和使用直播带货这种新型的购物方式。未来，直播带货将会越来越普及，成为在线购物的一种重要形式。

（七）直播带货将会智能化

随着人工智能技术的发展，未来的直播带货将会更加智能化。例如，商家可以通过人工智能技术对消费者的消费行为和偏好进行分析和预测，提供个性化和定制化的服务，提高消费者对商品的认可度和信任感。

六、直播带货对于商家的意义

直播带货对于商家来说，不仅可以增加销售额和利润，还可以提升品牌曝光度和知名度。通过直播带货，商家可以展示和介绍产品，让更多的消费者了解和认识自己的品牌和产品，为品牌的长期发展奠定基础。

（一）提高销售转化率

直播带货具有互动性和即时性的特点，能够更好地激发消费者的购买欲望，从而提高商品的销售转化率。商家可以通过直播带货推广产品，直接与消费者进行互动和沟通，增强消费者购买的信心，提高销售转化率。

（二）扩大销售渠道和增加品牌曝光度

通过直播带货，商家可以将商品展示和销售相结合，将产品推广到更广泛的消费者群体中，增加品牌曝光度。尤其对于小型企业和新兴品牌而言，直播带货能够提供更多的品牌推广渠道，促进品牌的快速发展。

（三）降低营销成本

与传统的广告投放相比，直播带货不但更具有黏性和互动性，而且营销成本较低，商家可以通过较少的成本获得更高的营销效果。

（四）增强品牌影响力

商家可以实现直播内容的多元化，从而增强品牌影响力。商家可以利用直播带货平台进行各种主题的直播，如新品发布、品牌活动、生产工艺展示等，提高品牌的认知度和影响力。

直播带货的出现不仅满足了消费者对品质和服务的要求，也为商家提供了新的销售渠道和营销方式。通过直播带货，商家可以将商品通过互联网推广给全国乃至全球的消费者，打破地域限制，扩大销售规模；还可以借助社交网络的力量扩大品牌影响力，提升品牌知名度。

第四章　数字经济驱动下消费者行为的新特征

数字经济的快速发展不仅推动了消费市场的变革和升级，还促进了消费者行为新特征的形成。数字经济时代的消费市场呈现出多种新特征和新趋势，消费者需求和行为发生了很大的变化。企业需要加强市场分析和研究，及时推出符合市场需求的新产品和新服务，同时提升运营效率和管理效率。

第一节 个性化、特色化和多元化消费

数字经济背景下，消费者的需求更加个性化、特色化和多元化。数字技术和互联网技术的应用为消费者的购物方式提供了更多的选择，也为消费者提供了更多的消费体验和服务。消费者更加注重产品品质、个性化定制、特色消费等方面的需求，消费行为呈现出多元化的发展趋势。

一、个性化消费

个性化消费是指消费者基于自身特定的需求和喜好，选择符合自己特点的产品和服务的行为。数字经济时代，随着数据挖掘和智能化技术的发展，个性化消费模式变得越来越普遍。

数字经济时代的个性化消费主要体现在以下几个方面。

（一）个性化推荐系统

个性化推荐系统是指基于大数据分析和机器学习算法，根据消费

者的历史行为和偏好，为其推荐符合其需求和喜好的产品和服务的系统。消费者可以通过社交媒体、电子商务、音乐电台等平台，获得个性化推荐。个性化推荐系统通过分析消费者的历史行为数据，建立消费者的个人兴趣模型，并根据该模型推荐符合消费者兴趣的商品或服务。

个性化推荐系统主要由以下几个环节组成。

1. 数据采集

个性化推荐系统需要采集大量的历史行为数据来分析消费者的行为和偏好。数据来源包括用户行为数据、商品属性数据、用户评价数据等。

2. 数据预处理

由于历史数据往往存在噪声和缺失值，因此需要对数据进行预处理，包括数据清洗、特征选择、数据变换等。

3. 兴趣建模

对用户兴趣进行建模，包括基于内容的模型、协同过滤模型、混合模型等。

4. 推荐算法

根据用户的兴趣模型，选择合适的推荐算法，包括基于内容的推荐、协同过滤推荐、深度学习推荐等。

5. 推荐结果展示

将推荐结果展示给用户，既可以直接呈现推荐商品列表，也可以使用其他方式，如邮件推送、推送通知等。

个性化推荐系统的应用十分广泛，主要应用于电商平台、社交网络、在线媒体等领域。例如，电商平台可以通过个性化推荐系统为消费者推荐符合其需求和兴趣的商品，提高销售转化率和顾客满意度；社交网络可以通过个性化推荐系统推荐用户感兴趣的人和内容，增强用户体验和用户黏性；在线媒体可以通过个性化推荐系统为用户推荐符合其兴趣的新闻和信息，提高阅读体验和用户留存率。

个性化推荐系统的发展，主要得益于大数据技术和人工智能技术的支持。随着大数据技术和人工智能技术的不断发展和进步，个性化推荐系统将会变得更加准确和智能化，为消费者提供更加个性化、智能化的消费体验。

（二）定制化产品和服务

定制化产品和服务是指商家根据消费者的个性化需求和喜好，提供专门定制的产品和服务。随着智能化技术的发展，定制化产品和服务将越来越普遍，成为个性化消费的重要体现形式。

定制化产品和服务的实现需要商家在产品或服务的设计、生产、销售等各个环节进行个性化定制，满足消费者的特定需求和喜好。相比于传统的标准化产品和服务，定制化产品和服务能够更好地满足消费者的个性化需求和体验，提升消费者的满意度和忠诚度。

定制化产品和服务的应用十分广泛，主要应用于服装、餐饮、家具等行业。例如，服装行业可以根据消费者的身材、喜好、风格等因素，为其提供个性化的服装设计和制作；餐饮行业可以根据消费者的口味、营养需求等因素，为其提供个性化的菜单和食品；家具行业可以根据消费者的房间布局、风格等因素，为其提供个性化的家具设计和制作。

随着数字技术的不断发展，定制化产品和服务的实现将会更加智能化和便捷化。例如，通过3D打印技术和虚拟现实技术，消费者可以在网上进行定制化产品的设计和预览，从而更好地满足其个性化需求。定制化产品和服务的发展，将促进商业模式的创新和发展，提升消费者的消费体验和满意度。

（三）个性化营销和服务

个性化营销和服务是指根据消费者的个性化需求和喜好，提供符合其需求和喜好的营销和服务。在数字经济时代，随着数据挖掘和智能化技术的不断发展和应用，个性化营销和服务成为商家提高销售转化率、客户满意度和忠诚度的重要手段。

1. 个性化营销

个性化营销的实现需要商家做好以下几个方面的工作。

（1）个性化定位。商家可以根据消费者的地域、年龄、性别等因素，对消费者进行个性化分类和定位，将消费者的需求和喜好转化为可实现的营销策略。

（2）个性化推荐。个性化推荐系统能够根据消费者的历史购买记录、浏览行为、评价反馈等数据，为其推荐个性化产品和服务。

（3）个性化互动。商家可以根据消费者的需求和喜好，通过社交媒体、邮件、短信等渠道与消费者进行个性化互动，为其提供个性化的信息、活动和优惠。

2. 个性化服务

个性化服务的实现需要商家做好以下几个方面的工作。

（1）定制化需求获取。通过各种方式，如问卷调查、用户反馈等，获取消费者的个性化需求和喜好。商家需要了解消费者的需求和喜好，以及其对服务的期望和反馈。

（2）定制化设计。进行服务的定制化设计，服务设计师需要将消费者的需求转化为可实现的服务方案，并与消费者进行沟通和确认。

（3）定制化实现。根据消费者的设计要求，实现定制化服务。实现过程中需要保证服务的质量并符合消费者的期望。

（4）定制化服务支持。服务人员需要为消费者提供个性化的服务支持和建议。

个性化营销和服务能够更好地满足消费者的需求和喜好，消费者能够更好地体验到品牌的关注和服务，增强对品牌的认可和信任。个性化营销和服务能够提高产品的附加值，从而提高产品的竞争力和利润率，消费者愿意为符合自己需求和喜好的产品与服务支付更高的价格。随着数字技术的不断发展和普及，个性化营销和服务将会变得更加便捷和智能化，为消费者提供更好的消费体验，并为商家提供更多的商业机会和发展空间。

（四）个性化体验和互动

数字经济时代的个性化消费还体现在个性化体验和互动方面。例如，游戏、音乐、电影等数字产品可以通过个性化体验和互动，提升消费者的忠诚度和满意度。

二、特色化消费

特色化消费是指消费者因个性化需求、文化、兴趣等因素，对某些特定的产品或服务表现出偏好或高度认同的消费行为。随着数字经济和互联网技术的快速发展，特色化消费逐渐成为消费者追求独特和个性化的重要需求。

（一）特色化消费为消费者带来的益处

特色化消费可以在以下几个方面为消费者带来益处。

1. 满足个性化需求

特色化消费可以满足消费者个性化的需求和兴趣爱好，为其提供独特、个性化的消费体验。

2. 增强社会认同感

消费者通过特色化消费，可以对特定的品牌或社群产生认同感，增强社会归属感和自我认同感。

3. 提高消费体验质量

特色化消费可以为消费者提供更加独特、有趣、高质量的消费体验，从而提高消费者的满意度和忠诚度。

4. 提升消费品质

特色化消费在一定程度上反映了消费者对品质、工艺、文化等方面的追求，可以提升消费品质。

（二）特色化消费对商家的意义

特色化消费对商家的意义具体表现在以下几个方面。

1. 开拓市场空间

商家通过提供独特、个性化的产品和服务，可以开拓新的市场空间，吸引更多的消费者。

2. 提高品牌影响力

特色化消费可以帮助商家树立独特的品牌形象，增加其文化内涵，提高品牌影响力和美誉度。

3. 提高产品附加值

特色化消费可以为产品增加附加值，提高产品的竞争力和利润率。

4. 增加客户忠诚度

商家提供独特、个性化的产品和服务，可以提高消费者的忠诚度和二次购买率，促进品牌的长期发展。

特色化消费已经成为数字经济时代重要的消费趋势之一。消费者可以通过特色化消费实现个性化需求的满足，增强社会认同感和消费体验；商家可以通过提供独特、个性化的产品或服务，开拓市场空间，提高品牌影响力和客户忠诚度，增加产品的附加值和竞争力。同时，特色化消费需要商家更加深入地了解消费者的需求和文化背景，开发适应不同市场的独特产品和服务，只有这样才能更好地满足消费者的个性化需求，实现商家和消费者的共赢。

三、多元化消费

多元化消费是指消费者在一定时间内选择不同种类、不同品牌、不同价格和不同渠道的商品和服务的消费行为。随着数字经济时代的到来，消费者的消费行为更加多元化，不再局限于传统的实体店消费，而是包括线上消费、移动端消费、社交网络消费等多种形式。

多元化消费为消费者带来以下几个方面的优势。

（一）选择范围增加

在当今社会中，多元化消费已成为一种趋势，为消费者带来了更广泛的选择范围。在过去，消费者的选择范围相对较窄，只能在有限的商品和服务中进行选择。随着经济和科技的发展，消费者的需求和预算也发生了变化，多元化消费为消费者提供了更多的选择机会。

多元化消费不仅提供了更广泛的商品和服务选择，还可以满足消费者的不同需求和预算要求。例如，在餐饮行业中，消费者可以选择不同菜系、不同价位的餐饮服务，以满足他们不同的口味偏好和预算限制。在旅游行业中，消费者可以选择不同的旅游目的地、交通方式和住宿设施，以满足他们的旅游需求和预算要求。多元化消费也可以在服装、化妆品、电子产品等消费领域中得到体现，为消费者提供更多的选择机会。

在现代社会中，多元化消费不仅是消费者的选择权利，也是市场竞争和商业发展的推动力。由于消费者的需求和预算不同，商家需要提供不同的商品和服务。这种多元化消费的趋势也推动了商家的不断创新和发展，提高了商品的质量和服务的水平，同时加大了市场竞争的激烈程度。

多元化消费还可以促进消费者消费观念的发展。在传统的消费模式下，消费者往往只能选择有限的商品和服务，没有太多的选择权利和自主决策的机会。而多元化消费则为消费者提供了更多的选择机会，让消费者能够更加自主地选择商品和服务，并且更加关注产品的质量、性价比和环保程度等因素。这种消费观念的转变也为商家提供了更多的商业机会，可以开发更多的环保、高品质、个性化的商品和服务，满足消费者的不同需求和偏好。

多元化消费不仅是市场竞争和商业发展的推动力，还是消费者自主选择和消费观念转变的重要标志。多元化消费的趋势也对商家提出了更高的要求，需要不断提高商品的质量和服务水平，还需要加强对市场和消费者的研究和分析，了解消费者的需求和预算，推出符合消费者需求的商品和服务，提高消费者的忠诚度。

多元化消费也存在着一些问题和挑战。消费者在众多的选择中可能会感到迷茫和不知所措，难以做出最佳的选择。商家也需要面临更加激烈的竞争和更高的成本压力，需要投入更多的时间和资源来开发新的商品与服务，提高其质量和性价比。

多元化消费还会对环境和资源造成一定的影响。随着消费者对多样化商品和服务的需求不断增加，商品和服务的生产和供应也需要更多的资源。商家需要采取环保和可持续发展的措施，降低生产和供应的资源成本。

多元化消费是当前社会发展的趋势，它为消费者带来了更广泛的选择范围，也为商家带来了更大的商业机会和挑战。在未来的发展中，消费者需要更加理性和理智地进行选择，商家需要不断创新以适应市场的需求，共同推动多元化消费的健康和可持续发展。

（二）消费效率提高

在当今社会中，多元化消费已成为一种趋势，让消费者拥有了更多的选择机会和自主权，同时提高了消费者的消费效率和体验水平。在这样的消费环境下，消费者可以更加便捷地获取所需的商品和服务。

在传统的消费模式下，消费者需要花费大量时间和精力寻找、比较不同的商品与服务，以确定最佳的选择。而多元化消费则为消费者提供了更多的选择机会，让消费者可以更加方便地找到自己需要的商品和服务。例如，在网络购物中，消费者在家里通过网络就可以买到各种各样的商品，无须到实体店铺购物，这样既省时又方便。此外，多元化消费也可以为消费者提供更好的服务体验。例如，消费者可以在更多的餐厅、旅游目的地和娱乐场所中选择，以满足他们的不同需求和偏好。

在多元化消费的环境下，消费者的选择不仅要考虑价格因素，还可以从质量、品牌、服务和口碑等多个角度来考虑。这样的选择方式可以让消费者更加全面地了解商品和服务，从而做出更加明智的消费决策。此外，多元化消费也可以帮助消费者更好地把握市场动向，更好地规划自己的消费预算，提高消费效率和体验水平。

（三）消费乐趣增加

在当今多元化的消费环境中，消费者有着更多的选择权利和机会，可以从不同的消费形式和场景中寻找自己的消费乐趣。多元化消费不仅可以提高消费效率，也可以让消费者获得更多的乐趣和满足感。

多元化消费还可以让消费者体验不同的消费形式。例如，在网购消费中，消费者可以在家里通过网络购买所需的商品和服务，无须到实体店铺购物，这样既节省了时间和精力，又增加了消费的便捷性和趣味性。在共享经济消费中，消费者可以共享各种资源和服务，如共享汽车、共享单车、共享住宿等，让消费变得更加智能和可持续。在创意消费中，消费者可以购买各种创意商品和服务，体验不同的设计和创意，让消费变得更有品位和趣味。

消费者可以从不同的角度和维度考虑商品与服务，选择最适合自己的消费方式和场景，让消费变得更加智能、有趣和有品质。商家需要不断提升自身的服务质量和竞争力，开发新的消费模式和市场，以满足消费者的需求和预期。在多元化消费的趋势下，消费者和商家需要共同协作，推动多元化消费的健康和可持续发展。

（四）消费风险降低

多元化消费可以让消费者降低消费风险，避免单一渠道或品牌的风险。消费风险是指消费者在购买商品或服务时可能面临的潜在风险，如质量问题、售后服务不佳等。多元化消费是指在不同的渠道、品牌、产品中进行消费，从而分散消费风险。因此，多元化消费可以降低消费者面临的潜在风险，即避免过度依赖单一渠道或品牌的风险。

具体来说，多元化消费可以采取以下几种方式降低消费风险。

1. 在不同的渠道中购买商品或服务

消费者可以在不同的线上或线下渠道购买商品或服务，如电商平台、超市等。这样，即使在某一渠道中出现质量或售后问题，消费者也可以在其他渠道中获得更好的购物体验。

2. 选择不同的品牌或厂家

消费者可以选择不同品牌或不同厂家的商品或服务，从而避免过度依赖某一品牌或厂家的风险。这样，即使某一品牌或厂家的商品出现问题，消费者也可以使用其他品牌或厂家的产品。

3. 购买不同种类的商品或服务

消费者可以在不同的商品或服务中进行消费，从而分散风险。例如，可以在购买电子产品的同时，购买家居用品或健康保健品等其他种类的产品，从而降低单一种类商品的风险。

通过多元化消费，消费者可以降低消费风险，保护自己的消费权益，同时能够增加对市场的认知和了解。

个性化、特色化和多元化的消费行为，反映了消费者对产品和服务不同的需求和关注点，推动了数字经济的发展和转型。在数字经济时代，企业需要重点关注消费者需求和行为的变化，提供更加个性化、特色化和多元化的产品与服务，满足不同消费者的需求，提升消费者满意度和忠诚度，推动消费市场的升级和转型。

消费者注重产品或服务的品牌、设计、功能、环保、健康等方面的特点，他们会在购买前进行详细的了解和比较，选择最符合自己需求的产品或服务。此外，消费者还注重体验感和情感需求，如在旅游、餐饮、购物等方面的消费中，消费者注重的不仅是产品或服务本身的质量和价格，还包括感官、情感和心理等多个方面的需求。因此，企业需要提供更加细致、贴心的服务，以满足消费者的个性化需求。

第二节　消费者行为的不确定性

消费者的选择和购物方式越来越多样化，消费者对产品和服务的需求也更加多元化、个性化，这都使得消费者行为的不确定性增加。

在数字经济时代，消费者行为的不确定性增加，主要表现为以下几个方面。

一、购物渠道多样化

随着电子商务和社交媒体等新型购物渠道的兴起，消费者的购物渠道越来越多元化。消费者可以通过线上、线下、移动终端等多种渠道进行购物，随时随地满足自己的消费需求。

传统的线下实体店已经不能满足消费者的需求，消费者开始向线上购物渠道转移。同时，随着移动设备的普及，移动互联网也成为消费者购物的重要渠道。

在数字经济时代，消费者可以通过多种渠道进行购物，主要有以下几种。

（一）电子商务平台

电子商务平台已成为消费者在线购物的重要渠道，通过电商平台消费者可以获取商品信息，进行购买和支付等一系列操作，方便快捷。

电子商务平台对消费者的影响在于提供了更加便捷、多样化的购物渠道和更好的购物体验。同时，电子商务平台还提供了个性化推荐、特价促销、优惠券等多种营销手段，吸引消费者进行购物。

对商家来说，电子商务平台为其提供了更广阔的市场和更多的销售机会。商家可以通过电子商务平台进行在线销售，吸引更多的消费者，同时可以通过平台上的数据分析等手段更好地了解消费者需求和行为，从而更好地进行营销策划。

电子商务平台已经成为数字经济时代不可或缺的一部分，对消费者和商家都产生了重要影响。随着互联网技术和数字技术的不断发展和普及，电子商务平台的作用和影响还将继续加强和扩大。

（二）社交媒体平台

社交媒体平台也已成为消费者购物的重要渠道。消费者可以通过社交媒体平台了解商品信息、获取用户评价、进行购买和支付等操作。

首先，社交媒体平台的用户规模巨大。目前，全球社交媒体用户已经超过 30 亿人，其中我国社交媒体用户超过 9 亿人。社交媒体平台拥有海量的用户数据，这些数据可以用来分析消费者行为、兴趣和偏好等信息，帮助企业更好地了解消费者需求，提供更加符合消费者需求和心理的产品和服务。

其次，社交媒体平台具有强大的信息传播能力和影响力。社交媒体平台具有信息传递速度快、传播范围广、传播成本低等特点，能够快速传递产品信息和推广信息，影响消费者的购买决策。社交媒体平台上的网红、达人等具有一定的影响力和号召力，他们的推荐和评价会对消费者购买决策产生一定的影响。

最后，社交媒体平台具有强大的互动性和个性化特征。消费者可以通过社交媒体平台与其他用户和商家进行交流和互动，获取、分享产品使用体验和消费心得，从而影响其他消费者的购买决策。同时，社交媒体平台也可以根据用户的历史行为和兴趣爱好，提供个性化推荐和服务，提高消费者的购买满意度和忠诚度。

由于社交媒体平台的特点，它已经成为企业进行营销和品牌推广的重要渠道之一。企业可以通过社交媒体平台进行推广、品牌建设、用户互动等活动，加强用户的参与度和忠诚度，增强品牌形象和信誉度。同时，企业需要关注社交媒体平台上消费者对品牌和产品的评价和反馈，及时做出调整和改进。

社交媒体平台在数字经济时代已经成为消费者行为不确定性增加的重要因素之一。企业需要充分利用社交媒体平台的优势，了解消费者的需求和心理，通过社交媒体平台与消费者进行有效的互动和沟通，提供更加个性化、多元化和高品质的产品和服务，提高品牌影响力和市场竞争力。

社交媒体平台为企业提供了更多的营销机会和创新空间。企业在利用社交媒体平台的同时，需要注重消费者需求和心理，规范自身行为，提高自身的社会责任感和信誉度，推动消费市场的转型和升级。

（三）移动应用平台

随着移动互联网的发展，移动应用平台成为消费者购物的新兴渠道。随着智能手机的普及和移动互联网的发展，移动应用平台已经成为消费者获取信息和购物的重要途径之一。消费者可以通过移动应用平台随时随地获取商品信息，进行购物和支付等操作，同时移动应用平台也提供了更加个性化和定制化的服务，为消费者提供了更加便捷、快速和高效的购物体验。

在数字经济时代，移动应用平台的发展已经深刻地改变了消费者的购物方式和行为。首先，移动应用平台为消费者提供了更加多样化和便捷的购物渠道。消费者可以通过各种类型的移动应用平台进行购物，以方便地浏览、比较不同商家的产品和价格，选择最适合自己的商品。其次，移动应用平台的购物体验更加个性化和定制化。消费者可以根据自己的喜好和需求，通过移动应用平台享受个性化推荐和定制化服务，如商品推荐、优惠券推送、智能搜索等，大大提高了购物的效率和准确度。此外，移动应用平台还为消费者提供了更加便捷、快速和安全的支付与物流服务。

然而，移动应用平台也存在一些风险和挑战。例如，一些移动应用平台存在安全漏洞，可能会导致消费者个人信息泄露和财产损失等问题。同时，一些移动应用平台存在虚假宣传和欺诈行为，可能会误导消费者做出错误的购买决策。

因此，企业需要充分利用移动应用平台的优势，加强移动应用平台的研发和管理，提供更加个性化、便捷和安全的服务。同时，企业需要注意移动应用平台存在的风险和挑战，加强对移动应用的管理，规范自身行为，提高社会责任感和信誉度，促进消费市场的健康发展。

（四）实体店

实体店是指具有实体门面的零售商店或服务场所，它们通常在商业中心或社区中心地段，以传统的销售方式提供商品或服务。尽管电子商务平台和移动应用平台等新兴渠道崛起，但实体店作为一种传统销售渠道，在数字经济时代仍然具有重要意义。

首先，实体店可以提供实物展示和体验的机会，这对一些消费者来说是不可替代的。在消费决策过程中，消费者通常需要亲身感受和触摸产品，以便更好地了解其质量和功能。

其次，实体店可以提供更加丰富的服务体验。实体店通常会通过店内设计、布置、灯光、音乐等手段，为消费者创造更加舒适、愉悦的购物体验。同时，实体店还会提供人性化的服务，如咨询、指导、推荐、客服等，增强消费者与商家之间的互动和信任。

再次，实体店可以与线上渠道相互补充，形成多层次、多维度的销售网络。随着电子商务和移动应用等新型销售渠道的发展，实体店不再是单一的销售渠道，实体店和线上渠道可以相互借力，发挥各自的优势，为消费者提供更加便捷、丰富、个性化的购物体验。

最后，实体店也可以通过应用数字技术，提高营销效果和管理效率。随着数字技术的不断发展，实体店可以通过智能化管理、移动支付、大数据分析等手段，提高营销效果和管理效率。例如，通过使用大数据分析技术，实体店可以更加精准地了解消费者需求和行为，有针对性地制定营销策略。

企业应该充分利用实体店的优势，通过数字化转型和创新，提升实体店的营销能力和服务水平，将线上线下销售渠道相互融合，实现全渠道销售，满足消费者多元化和个性化的需求。同时，企业应加强与消费者的互动和沟通，倾听消费者反馈，不断优化产品和服务，提高消费者满意度和忠诚度，推动消费市场的升级和转型。在数字经济时代，实体店虽然面临一定的挑战，但也具有巨大的发展潜力和机遇，企业需要灵活应对市场变化，不断创新和进步，才能在激烈的市场竞争中立于不败之地。

企业需要加强对不同渠道的把握和整合，提供跨渠道的购物体验和服务，实现多渠道的营销，满足消费者不断变化的需求和购物习惯。同时，消费者也需要加强对不同购物渠道的了解和把握，以便更好地选择符合自己需求的产品和服务。

二、购物决策复杂化

消费者在进行购物决策时，需要考虑产品的品质、价格、口碑、服务等多个因素。在数字经济时代，消费者可以通过多种渠道获取信息，面对的选择越来越多，购物决策也越来越复杂化。

（一）互联网信息渠道增多

随着互联网技术的发展和普及，消费者可以通过各种在线渠道获取商品和服务信息，包括搜索引擎、社交媒体平台、电子商务平台等。这些渠道不仅为消费者提供了海量的商品和服务信息，还可以让消费者通过用户评价、问答等方式获取其他消费者的真实反馈和经验，帮助消费者更好地了解、选择产品和服务。

（二）传统信息渠道持续存在

尽管互联网信息渠道的兴起已经改变了消费者获取信息的方式，但传统的信息渠道仍然在一定程度上影响着消费者的购物决策。例如，消费者仍然可以通过电视、广播、杂志等媒体获取产品和服务信息，这些媒体还可以通过广告、宣传等方式影响消费者的购物决策。

（三）信息传播速度加快

在数字经济时代，信息传播的速度变得越来越快。社交媒体和互联网技术的应用，使得信息的传播变得更加迅速和广泛，消费者可以更快地获取和分享产品和服务信息，这也使得消费者在购物决策时需要更快地筛选和处理大量的信息。

（四）信息真实性难以辨别

随着信息来源的多样化和传播速度的加快，信息的真实性也变得更加难以辨别。虚假信息、误导性信息、恶意攻击等不良信息的出现，给消费者的购物决策带来了不确定性和风险。

信息来源的多样化使得消费者在购物决策时面临更为复杂的挑战。

企业需要通过多种渠道传播真实、准确、有用的信息，加强品牌建设和口碑管理，提高消费者的信任度和忠诚度，从而增加消费者的购买意愿和满意度。同时，消费者也需要通过自我学习提高信息辨别能力，避免受到虚假信息的误导，保护自身权益。

（五）产品选择更多样化

随着电子商务的快速发展，越来越多的消费者选择在网上购买商品，消费者可以通过各种电商平台浏览、比较和购买世界各地的商品，享受多样化的商品选择和购物体验。这些电商平台通过提供各种方便的购物功能，使消费者可以更加便捷、快速地购物，无须走出家门就能完成购物流程。

此外，电商平台还提供了个性化推荐的功能，这种推荐算法通过对消费者的历史购买记录、浏览行为、搜索关键词等信息进行分析，可以向消费者推荐符合其偏好和需求的商品与服务。在电商平台上，消费者看到的是大量的商品信息和广告信息，这些信息往往是经过优化和加工的，让消费者难以判断商品的真实情况和性价比。

（六）价格和品质的权衡

在现代社会，消费者购物时需要进行价格和品质的权衡，这是一种常见的消费决策问题。消费者希望购买高品质的商品，同时需要考虑商品的价格和自己的经济预算。在这种情况下，消费者需要在价格和品质之间找到最佳的平衡点。

在进行价格和品质之间的权衡时，消费者需要了解商品的真实情况和市场价值。他们需要了解不同品牌、不同类型商品的特点和优劣，根据自己的需求和预算进行选择。消费者也需要考虑商品的实际使用效果和持久性，选择质量好、性价比高的商品，避免过分追求低价或品牌等因素而忽略品质。

消费者还需要关注市场价格和商品的竞争力。随着市场竞争的加剧，商品价格和品质之间的平衡点也在不断变化。因此，消费者需要及时了解市场信息和价格变化趋势，选择最优的购物方案和策略。

价格和品质的权衡是一种常见的消费决策问题，消费者和商家都需要在价格和品质之间找到最佳的平衡点。消费者需要了解商品的真实情况和市场价值，选择最优的商品和购物方案，避免过度消费和浪费。商家需要提供高品质的商品和服务，同时根据市场需求和竞争状况调整商品价格和销售策略，提高商品竞争力和销售量。只有消费者和商家共同努力，才能实现价格和品质的最佳平衡，满足消费者的需求，推动市场的健康发展。

除了价格和品质之外，消费者在购物时还需要考虑其他因素，如品牌、口碑、服务等。这些因素也会对消费者的购物决策产生影响，消费者需要在多个因素之间进行权衡，做出选择。

在品牌选择方面，消费者通常会选择熟悉和信赖的品牌，认为这些品牌的产品和服务质量更可靠。同时，消费者也需要关注品牌的定位和市场竞争力，避免过分追求品牌而忽略产品的实际效果和性价比。

在口碑选择方面，消费者通常会关注其他消费者的评价和反馈，从而了解商品的真实情况和用户体验。消费者可以通过各种渠道获取商品的评价和使用心得，从而更好地了解商品的优缺点和适用范围，做出更为明智的购物决策。

在服务选择方面，消费者通常会选择提供优质服务的商家和平台。消费者需要了解商家的服务质量和售后保障，从而避免在购物后遇到服务质量不佳或售后服务不到位的问题。

（七）口碑和用户评价的影响

在数字经济时代，消费者需要花费更多的时间和精力来做出最终的购物决策。在做出决策之前，他们还需要做一些市场调研和比较，以便最终选择到最适合自己的产品。消费者可以通过社交媒体等渠道了解其他消费者的购物体验和评价，消费者需要考虑口碑用户评价的可信度和适用性，综合考虑各种因素后做出购物决策。针对这种趋势，企业需要关注消费者的需求和心理，提供更加符合消费者需求和期望的产品与服务。

用户购物决策复杂性的增加，意味着消费者更加注重商品的品质、价格、口碑、服务等方面。消费者在做出购买决策前，需要对商品的性价比进行综合评估。而在数字经济时代，消费者可以通过多种渠道获取商品信息，如电子商务平台、社交媒体、用户评价等，这进一步增加了购物决策的复杂性。

首先，企业需要提供准确、全面、可靠的商品信息，包括商品描述、规格、价格、售后服务等。其次，企业可以通过大数据分析、人工智能等技术手段，向消费者推荐符合其需求和偏好的商品，缩短消费者做出购买决策的时间。最后，企业可以通过推出试用活动、虚拟试衣间等方式，提供更加直观、真实的购物体验，帮助消费者更好地了解商品特点和适用场景。

企业还可以通过提供良好的售后服务来增强消费者对商品的信任感。消费者在购买商品后，如果遇到售后问题时能够得到及时、专业的解决，就能够增强消费者对企业品牌的信任度和忠诚度。因此，企业应该建立完善的售后服务机制，提供多种渠道的售后问题解决方案，积极回应消费者的反馈和需求，不断提高服务质量和水平。

对企业而言，需要关注消费者的需求和行为变化，提供更加准确、全面、可靠的商品信息和服务，通过数据分析、人工智能等技术手段提供个性化、定制化的商品推荐和购物体验，加强售后服务和客户关系管理，提高消费者满意度和忠诚度，推动消费市场的转型和升级。

三、消费观念多元化

随着数字经济的发展，消费者的消费观念也越来越多元化。消费者不再只关注产品的价格和品质，而是更加注重产品的环保、健康、安全、文化、社会责任等方面。这些多元化的消费观念，不仅反映了消费者对产品和服务的需求越来越高，也反映了消费者在数字经济时代面临的多重选择和多样化的生活方式。

例如，在食品消费领域，消费者不仅注重食品的营养和口感，还会关注食品的来源、安全、环保等方面。在文化消费领域，消费者更加注重文化产品的创新性、原创性、品质和文化内涵。在旅游消费领域，消费者更加注重旅游体验、环保、文化交流和社会责任等方面。消费观念的多元化，也对企业提出了更高的要求。

为了满足消费者多元化的需求和消费观念，企业需要不断创新和提高产品和服务的品质，加强品牌建设，提高社会责任感和环保意识，增强产品的差异化和个性化，以满足消费者的个性化需求和提高消费者的满意度。

同时，企业也需要加强对消费者的了解，通过市场调研和消费者反馈，了解消费者的需求和消费观念，及时调整和改进产品和服务，提高消费者的满意度和忠诚度。通过多样化的营销手段和渠道，加强与消费者的互动和沟通，提高品牌形象和口碑，也是企业满足消费者多元化需求的重要手段。

消费观念的多元化是消费者需求和消费市场变化的重要趋势之一。企业需要不断提高产品和服务的创新性，丰富文化内涵，增强社会责任感和环保意识，以满足消费者的个性化需求和提高消费者的满意度。

四、消费心理波动大

数字经济时代，消费者的心理波动也变得更大。在数字经济时代，企业需要重点关注消费者的行为变化，了解消费者需求和心理，提供更加个性化、特色化和多元化的产品与服务，加强品牌建设和服务体验。

消费者的消费心理波动大，给企业带来了新的营销策略的挑战。企业需要根据消费者的心理变化，灵活调整营销策略，提高对消费者需求的响应速度，提供更加符合消费者需求和心理的产品与服务。例如，企业可以通过社交媒体、品牌活动等方式增强品牌知名度和影响力，提高消费者对品牌的认知度和信任度，从而提高消费者的购买意愿和忠诚度。此外，企业也可以通过精准营销、个性化推荐等方式，针对不同的消费心理和需求，提供个性化、定制化的产品和服务，提升消费者的满意度和购买体验。

首先，消费者可能会受到社交媒体、网红推荐等因素的影响，产生冲动消费行为。社交媒体和网红推荐的出现使得消费者接触到更多的产品与服务，也为企业提供了更多的销售机会。然而，社交媒体和网红推荐也给消费者带来了压力。一方面，消费者需要时刻保持关注，以获得最新的信息和推荐；另一方面，消费者可能会因为过度依赖社交媒体和网红推荐，产生冲动消费行为，导致不必要的浪费。

其次，消费者也可能会因为一些突发事件、经济环境变化等因素，对消费行为做出调整。例如，全球经济衰退带来的影响，使得消费者对生活和消费方式的改变更加迅速和频繁。此时，企业需要及时调整自己的营销策略，以适应消费者的变化，保持市场竞争力。

消费者行为的不确定性增加，也对企业的经营和营销提出了新的挑战。企业需要及时了解消费者的心理波动和需求变化，制定灵活的营销策略，提供个性化、多元化、高品质的产品和服务，加强品牌建设和用户体验，增强消费者的忠诚度和信任度，推动消费市场的转型和升级。

五、购买行为可逆性增强

在数字经济时代，购买行为的可逆性增强也是消费者行为不确定性增加的一个重要表现。可逆性指的是消费者在购买商品后，有权利进行退货、换货等操作，从而撤销原来的购买行为。购买行为的可逆性增强主要是由电子商务的发展和消费者权益的保护政策等因素所致。

首先，随着电子商务的兴起，消费者通过线上渠道进行购物已经成为一种普遍现象。线上购物的优点在于方便、快捷、多样化，但同时也存在着一定的风险和不确定性。为了保护消费者的权益，相关部门和电商平台出台了一系列的保障政策，如七天无理由退货、质量问题包退包换等，使得消费者的购买行为更有保障，也增加了购买行为的可逆性。

其次，消费者权益的保护政策也为购买行为的可逆性增强提供了保障。国家对消费者权益的保护一直是一个重要的政策方向，出台的一系列的法律法规和标准，如《中华人民共和国消费者权益保护法》《中华人民共和国产品质量法》《网络购买商品七日无理由退货暂行办法》等，加强了对消费者权益的保护和维护。同时，电商平台也加强了对消费者权益的保护，如加强商品质量监管、加强消费者投诉处理等，使得消费者的购买行为更有保障。

企业需要加强商品质量控制和售后服务，提高消费者满意度和忠诚度；适应消费者行为变化，加强品牌形象和信誉，提高消费者对品牌的信任度和忠诚度。同时，企业也需要制定清晰的退换货政策，提供更加便捷的退换货服务，以减少消费者购买行为的不确定性，增强消费者对企业的信任度。

企业需要通过创新和发展，适应市场需求的变化，提供更加个性化、多元化和高品质的产品与服务，为消费者提供更好的购物体验。同时，企业需要注重对消费者需求和心理的了解，加强品牌建设和用户体验，推动消费市场的转型和升级。

第三节 消费者行为的体验式和多途径

数字经济背景下，消费者更加热衷于体验式和多途径消费。数字技术和互联网技术的应用为消费者提供了更多的消费体验和服务，也为消费者提供了更多的购物方式和渠道。消费者更加注重消费体验、消费服务、消费感受等方面的需求，推动消费市场呈现出多途径消费的发展趋势。

一、消费者更热衷于体验式消费

传统的消费模式通常是单向的、被动的，消费者只能被动地接受商品或服务，无法主动参与和体验。而在数字经济时代，消费者更加注重体验式消费。例如，消费者可以通过虚拟现实技术，参与到商品或服务的体验中，提高消费的乐趣和满足感。此外，消费者更加注重商品或服务的个性化和差异化，希望根据自己的需求和喜好进行定制化选择，体验更加符合自己需求和喜好的消费过程。

体验式消费是指消费者在购买商品或服务时更注重产品、服务所提供的体验，而非仅仅关注产品或服务本身的实用性和功能性。例如，消费者更倾向选择具有特色、个性化的商品和服务，以及能够提供优质服务和感官体验的商家。

消费者的购物方式和渠道越来越多样化，对传统的商品和服务而言，仅仅提供基本的功能和实用性已经不能完全满足消费者的需求。因此，企业需要从产品或服务的角度出发，提供更优质的体验，以满足消费者的需求。

体验式消费不仅提高了消费者的购买意愿，也提高了企业的竞争力。消费者更愿意选择那些能够提供优质、个性化服务和体验的商家，这为企业提供了更多的销售机会和发展空间。同时，通过体验式消费，消费者的满意度和忠诚度也得到提高，从而增强了企业的品牌形象和市场竞争力。

为了实现体验式消费，企业需要从多个方面进行提升。首先，企业需要深入了解消费者的需求和心理，提供更具特色、个性化的产品和服务。其次，企业需要注重服务体验，提供更加优质、周到的服务，并且加强消费者与企业之间的沟通和互动。最后，企业需要应用数字技术，提高产品展示和销售的效果，为消费者提供更加便捷、高效的消费体验，促进数字经济的发展和消费市场的升级。

体验式消费强调消费过程中的感受和体验，消费者更注重购物的乐趣、享受和感受。例如，消费者更愿意选择去主题餐厅、主题乐园等地方消费，或者体验旅游、健身等项目，通过享受体验来满足自己的消费需求。通过虚拟现实技术和增强现实技术，消费者可以体验不同的消费场景和产品效果。通过个性化推荐和定制化服务，企业可以为消费者提供更加符合用户需求的消费体验；通过社交媒体和移动应用等渠道，企业可以提供更加便捷、多样化的消费体验，满足消费者的多元化需求。

消费者更热衷于体验式消费，也为企业提供了新的发展机遇。企业可以通过数字技术的应用和创新，为消费者提供更加丰富多彩的消费体验，提高消费者的满意度和忠诚度，推动消费市场的转型和升级。同时，企业也需要关注消费者需求的变化和行为不确定性的增加，灵活调整营销策略，提高对消费者需求的准确度和响应速度，实现可持续发展。

二、消费者更倾向于多途径消费

数字经济时代，消费者可以通过多种渠道进行购物，如实体店、电子商务平台、社交媒体平台、移动应用平台等，这些渠道可以相互补充，形成多层次、多维度的销售网络。消费者可以根据自己的需求和喜好，选择适合自己的购物渠道和方式，实现多途径消费。同时，多途径消费也可以提高购物的效率和便利性，使消费者更加方便快捷地满足自己的消费需求。

首先，多途径消费能够提供更加丰富和多样化的购物体验。消费者可以通过线上、线下、移动终端等多种渠道进行购物，随时随地满足自己的消费需求。例如，消费者既可以通过电商平台购买商品，也可以在实体店进行实物体验和购物。在消费过程中，消费者可以根据自己的需求和喜好，选择最适合自己的购物方式，获得更个性化、更满意的购物体验。

其次，多途径消费能够提高购物效率和便利性。消费者可以通过多种渠道获取商品价格和口碑等方面的信息，快速比较和选择最优惠的商品和服务。同时，多途径消费也能够提供更加便利的支付和物流服务，为消费者提供更加高效的购物体验。

再次，多途径消费能够提高消费者对品牌和产品的认知度和忠诚度。消费者在不同的渠道和方式中接触品牌及其产品的机会增加，更容易对品牌及其产品产生好感。同时，消费者也更容易通过多途径消费获得更好的购物体验，从而提高对品牌及其产品的忠诚度和信任度。

最后，多途径消费能够推动消费市场的转型和升级。多途径消费的出现，使得传统的销售模式和渠道受到了挑战，推动了消费市场的变革和升级。消费者的多样化需求和多途径消费的趋势，也为企业提供了更多的销售机会和发展空间，促进了市场竞争的加强和产业升级的推进。

企业需要适应这一趋势，提供更加个性化、多样化和高品质的产品和服务，构建多层次、多维度的销售网络和服务体系，加强品牌建设和用户体验，提高消费者的忠诚度和满意度。同时，企业也需要加强对消费者行为数据的分析和挖掘，了解消费者的需求和喜好，为消费者提供更加符合其消费习惯的产品和服务，实现更精准的营销和服务。

在多途径消费的趋势下，企业可以采取以下措施来适应和引导消费者的行为。

第一，提供一站式服务。企业可以通过建立全渠道销售和服务体系，为消费者提供一站式的购物和服务体验，从线上到线下，从网店到实体店，提供无缝对接的购物体验。

第二，引导消费者消费。企业可以通过特价促销、积分奖励、折扣优惠等方式引导消费者消费，激发消费者的购买欲望，也可以通过优惠券、礼品卡等方式鼓励消费者多次消费。

第三，提供个性化服务。企业可以通过数据分析和挖掘，了解消费者的需求和喜好，为消费者提供个性化的产品和服务，提高消费者的满意度和忠诚度。

第四，开发新的销售渠道。企业可以通过开发新的销售渠道，如社交媒体平台、移动应用平台、直播带货等，拓展销售渠道，满足消费者的多元化需求。

第五，优化售后服务。企业可以通过提供优质的售后服务，如退换货服务、质量保证等，提高消费者对品牌的信任度和满意度，进一步促进消费市场的发展。

第四节　消费者行为的社交化

数字经济背景下，消费者的社交消费需求呈现出明显的上升趋势。社交消费是指消费者在进行购物决策时，受到社交因素的影响，倾向选择符合社交心理的产品和服务。数字技术和互联网技术的应用为消费者提供了更多的社交消费机会和平台，如社交电商、社交媒体、社交游戏等，推动消费市场呈现出社交消费的新趋势。

随着社交媒体的普及和影响力的不断扩大，消费者的社交化消费需求也日益提升。消费者通过社交媒体平台，可以更加方便地获取和分享消费信息，还可以与其他消费者进行互动。因此，企业需要注重社交媒体营销，提升品牌的社交影响力，增强消费者的归属感和互动体验。

随着社交媒体的普及和发展，人们越来越依赖社交媒体获取信息、在社交网络进行社交活动，这也影响了消费者的消费行为。数字经济时代的消费者不再是孤立的个体，而是更加注重社交和互动的群体。他们更倾向与朋友、家人、同事一起消费、一起体验，也更倾向从社交媒体上获取他人的消费体验和评价。社交媒体的普及，让消费者在购买之前可以更好地了解产品或服务的质量、口碑和价格，也更有可能受到他人的推荐和引导。

社交消费需求上升主要表现在以下几个方面。

一、社交媒体对消费者行为的影响

社交媒体的快速发展，为消费者提供了一个广泛的信息平台。消费者可以通过社交媒体获取商品价格、品质、服务等方面的反馈，也可以通过社交媒体交流自己的消费体验和观点。在这个过程中，消费者的购物决策受到社交媒体的影响，更倾向选择得到社交认可的产品和服务。

社交媒体在数字经济时代对消费行为产生了深刻的影响，成为消费者行为不确定性增加的重要因素之一。具体而言，社交媒体对消费行为的影响主要体现在以下几个方面。

（一）消费者获取信息途径增加

社交媒体为消费者提供了获取信息的全新途径。消费者可以通过社交媒体平台，轻松地了解产品的品质、口碑、使用方法、服务质量等方面的信息，还可以通过社交媒体与其他消费者进行交流和经验分享，提高对产品的了解和认知，从而影响购买决策。

在数字经济时代，消费者获取信息的途径得到了扩大，这也是消费行为不确定性增加的重要表现之一。以前，消费者获取产品和服务信息主要依靠杂志、电视、报纸等传统媒介，但是在数字经济时代，消费者可以通过多种渠道获取信息，如电子商务网站、社交媒体、移动应用程序、在线评论等。

首先，消费者可以通过电子商务网站了解产品的详细信息、评价、价格等，对比不同产品的优缺点，然后在网站上直接购买商品。这大大缩短了消费者获取信息和购买商品的时间，购买商品更方便、快捷，受到了消费者的青睐。

其次，消费者可以通过社交媒体了解其他用户的购物心得、评价、体验等，获取更加真实的信息。此外，一些商家也会在社交媒体上开展营销活动，推广自己的产品和服务，吸引消费者的关注。

再次，消费者可以通过移动应用程序了解商品信息、价格、评论等，甚至可以通过应用程序进行购物。由于移动应用程序方便、快捷，越来越多的消费者选择通过移动应用程序进行消费。

最后，在线评论也成为消费者获取信息的重要来源。消费者可以通过在线评论了解其他用户的购物心得、评价等，对比不同产品的优缺点，做出更加明智的消费决策。

消费者获取信息的途径在数字经济时代得到大幅增加。这也使得消费者在购买商品和服务时，有更多的选择和更充分的了解，从而增加了消费行为的不确定性。企业需要加强对消费者需求和心理的了解，提供更加符合消费者需求和心理的产品和服务，提高消费者的满意度和忠诚度，增强品牌建设和用户体验，推动消费市场的转型和升级。

（二）消费者购买决策受到影响

社交媒体平台上的影响者，如网红、明星、意见领袖等，对消费者购买决策产生了重要的影响。他们在社交媒体上的推荐和评价，往往能够引导消费者的购买决策，甚至有时可以直接导致消费行为的发生。此外，社交媒体上的用户评价和评论也对消费者购买决策产生了一定的影响。

数字经济时代，消费者获取信息的途径变得更加方便和多元化，同时，产品和服务的选择也更加多样化和个性化。这种变化使得消费者在购买决策中受到更多的影响。

首先，消费者在购买决策中受到社交媒体的影响。社交媒体成为消费者获取信息和交流的重要渠道，通过社交媒体，消费者可以获取产品和服务的口碑、评价、使用体验等信息，这些信息可以对消费者的购买决策产生影响。

其次，消费者在购买决策中受到个性化推荐的影响。个性化推荐系统通过分析消费者的历史行为和偏好，向消费者推荐符合其需求和喜好的产品与服务，从而影响消费者的购买决策。

最后，消费者在购买决策中还受到广告、促销活动、网红推荐等多种因素的影响。这些因素通过各种渠道向消费者传递信息，引导消费者做出购买决策。

数字经济时代消费者购买决策的影响因素更加多元化和复杂化。企业需要了解消费者的购买决策过程，针对消费者需求和心理，提供个性化、多元化和高品质的产品与服务，并通过精准的营销策略和推广手段，影响消费者的购买决策，提升销售转化率和品牌影响力。

（三）消费者消费心理和消费行为变化

社交媒体的兴起改变了人们的社交方式和消费心理，引起了消费行为的变化。在社交媒体的影响下，消费者更加注重消费体验和社交效应，更加注重产品的品质、环保和健康等方面，从而影响了购买决策和消费行为。

一方面，消费者的消费心理更加多元化和个性化。消费者更加注重产品的品质、性价比、环保和健康等方面，也更加注重消费体验和个性化需求。此外，消费者的消费观念也在不断变化，如更注重品牌形象、企业社会责任、文化和情感价值。

另一方面，消费者的消费行为也更加多样化和复杂化。购物渠道的多样化使消费者更容易接触到不同种类的产品和服务，也带来了更多的购物选择。消费者在进行购物决策时需要考虑更多的因素，如品质、价格、口碑、服务等，导致购物决策变得更加复杂。此外，社交媒体的普及也给消费者的购物决策带来了影响，消费者可能会受到社交媒体、网红推荐等因素的影响，产生冲动消费行为。

以上这些变化导致了消费者的消费心理和消费行为的不确定性增加。消费者对产品与服务的需求更加多元化和个性化，对品质、安全、环保等方面的要求也不断提高，同时对消费体验和社交价值也更加关注。消费者的购物行为也变得更加多样化和复杂化，需要考虑更多的因素，同时可能受到外界因素的影响而产生波动。

企业应该充分了解消费者的消费心理和消费行为的变化，提供更加个性化、多元化和高品质的产品与服务，构建多层次、多维度的销售网络和服务体系，加强品牌建设和用户体验，提高消费者满意度和忠诚度，推动消费市场的转型和升级。

（四）企业营销策略变化

社交媒体的出现和发展，也对企业的营销策略产生了深刻的影响。企业需要适应社交媒体的特点，建立品牌形象，提供优质的产品和服务、积极参与社交媒体的互动等，以提高消费者的认知度、满意度和忠诚度，从而实现销售额的增长。

数字经济时代，消费者行为的不确定性增加，对企业的营销策略提出了新的挑战。企业需要根据消费者行为的变化，灵活调整营销策略，提高对消费者需求的响应速度，提供更加符合消费者需求和心理的产品与服务。

首先，企业需要根据消费者的多元化需求，推出更加个性化、多样化的产品和服务。例如，通过个性化推荐、定制化服务等方式，满足消费者个性化需求。同时，也需要加强品牌形象和信誉，提高消费者对品牌的信任度和忠诚度，提高品牌的影响力和竞争力。

其次，企业需要加强数字营销和社交营销等新型营销手段的应用。例如，通过社交媒体、直播带货、电商平台等渠道，与消费者建立更加紧密的联系，提高品牌曝光度和影响力。同时，通过数据分析、人工智能等技术手段，对消费者行为和需求进行精准分析与预测，提高营销效果和销售转化率。

最后，企业还需要加强服务体验和售后服务的建设，提高消费者满意度和忠诚度。例如，可以通过在线客服、售后服务等方式，提高消费者的服务体验和满意度，增强消费者的忠诚度和信任度。

数字经济时代消费者行为的不确定性增加，对企业营销策略提出了新的要求。企业需要根据消费者行为的变化，加强品牌建设和用户体验，提供更加个性化、多元化和高品质的产品与服务，灵活调整营销策略，加强数字营销和社交营销等新型营销手段的应用，提高服务体验和售后服务的水平，以提升消费者满意度和忠诚度，推动消费市场的转型和升级。

社交媒体对消费行为产生了深远的影响，也为企业提供了更多的营销机会和发展空间。消费者和企业应该在社交媒体的发展中，充分发挥其优势，加强社交媒体的应用和管理，共同推动数字经济的发展。

二、社交价值观的提升

随着社会的进步和发展，消费者的社交价值观也在逐步提升。消费者更加注重社会责任、公益慈善等方面，也更加注重消费品的文化内涵、时尚感和品质等方面。在这种社交价值观的影响下，消费者的购物决策更倾向选择体现社交价值观的产品和服务。

社交价值观是指个体在社交活动中所追求的一种价值观念，是对社交活动中自己和他人的关系、互动以及所涉及的道德准则等方面的一种认知和评价。在数字经济时代，随着社交媒体的兴起，消费者的社交价值观得到了进一步提升，主要表现在以下几个方面。

第一，社交价值观强调个性化和多元化。在数字经济时代，消费者可以通过社交媒体表达自己的个性和兴趣爱好，这也促使消费者在消费中更加注重产品的个性化和多元化。例如，消费者在社交媒体上可以分享自己购买的特色产品或服务，从而引发其他消费者的兴趣和购买欲望。

第二，社交价值观强调互动和参与。社交媒体为消费者提供了一个互动和参与的平台，消费者可以在社交媒体上分享自己的消费体验和感受，与其他消费者交流和互动，从而增强消费者的社交价值观。

第三，社交价值观强调诚信和信任。在数字经济时代，消费者可以通过社交媒体获取更多的信息和反馈，从而更加注重产品和服务的质量和信誉。同时，消费者更加注重企业的诚信，这也反映了消费者社交价值观的提升。

第四，社交价值观强调社会责任和环保。在数字经济时代，消费者的社会责任感和环保意识得到了提升，这也反映了消费者社交价值观的提升。消费者更加注重产品与服务的环保性和社会责任，企业需要积极响应消费者的需求，提供环保和社会责任性的产品和服务。

企业需要充分了解消费者的社交心理和价值观，提供符合消费者需求和心理的产品和服务，加强品牌建设和用户体验，促进消费者的忠诚度和信任度，推动消费市场的转型和升级。同时，企业需要积极引导消费者的消费观念，注重社会责任和环境保护，建立良好的企业形象，以满足消费者对社交价值观的需求。

在营销策略方面，企业需要加强社交化营销，通过社交媒体等渠道增强品牌影响力和知名度，建立品牌口碑和社交信任。此外，企业还可以通过社交化营销促进用户生成内容，激发用户参与，提高品牌认知度；可以借助社交媒体等工具了解消费者的需求和心理，通过数据分析和人工智能技术实现精准营销，提高营销效果和管理效率。

随着数字经济的发展，消费者行为的不确定性不断增加，企业需要适应消费者行为的变化，加强品牌建设和用户体验，提供更加个性化、多元化和高品质的产品和服务。同时，企业还需要加强社交化营销，充分利用社交媒体等工具，了解消费者需求和心理，提高营销效果和管理效率，加强品牌认知度和忠诚度，实现可持续发展。

三、社交体验需求的增加

消费者的社交体验需求也在逐渐增加。消费者更加注重消费体验，通过购物、旅游、餐饮等方式，满足自己社交需求和社交认可的需求。在数字经济时代，企业需要通过应用数字技术，提供更加个性化、特色化和社交化的产品和服务，满足消费者的社交体验需求。

随着数字经济的发展，社交体验需求的增加成为消费者行为不确定性增加的又一表现。这一趋势反映了消费者对社交体验的重视程度的提高，为企业营销策略和服务体验带来了新的机遇。

一方面，消费者通过购物、旅游、餐饮等方式来满足自己的社交需求和社交认可的需求。例如，在购物过程中，消费者可能更愿意与朋友或家人一同前往商场或实体店，共享购物乐趣；在旅游时，消费者可能更愿意选择有社交活动或社交体验的旅游路线，与他人建立互动和社交关系；在餐饮消费中，消费者也可能更注重餐厅的社交氛围和社交体验，选择能够满足社交需求的餐厅。

另一方面，数字技术的应用为企业提供了更多满足消费者社交体验需求的机会。企业可以通过社交媒体、移动应用等渠道，为消费者提供个性化、特色化和社交化的产品和服务。例如，一些电商平台和移动应用已经开设了社交功能，消费者可以在购物过程中与他人分享和交流商品信息和购物体验，获得社交认可和愉悦体验；一些旅游平台提供了社交化的旅游产品，消费者可以在旅游过程中结识新朋友，分享旅游体验，增强社交互动。

消费者社交体验需求的增加是数字经济时代消费行为不确定性增加的重要表现之一。企业需要适应这一趋势，提供更加个性化、特色化和社交化的产品与服务，构建多层次、多维度的销售网络和服务体系，加强品牌建设和用户体验，提高消费者满意度和忠诚度，推动消费市场的转型和升级。

四、社交消费的发展趋势

随着数字经济和社交媒体的不断发展，社交消费的趋势也逐渐明显。消费者更加注重社交认可和社交价值观，也更加注重消费体验和社交体验。在这种趋势下，企业需要适应消费者的需求变化，提供更加个性化、特色化和社交化的产品与服务，增强品牌形象和用户忠诚度，推动消费市场的升级和转型。

社交消费的发展趋势主要表现在以下几个方面。

第一，社交电商的兴起。随着社交媒体的发展，社交电商也逐渐兴起。社交电商通过社交媒体的传播效应，将商品推荐给潜在消费者，并提供一系列社交化的购物体验，如社交分享、社交评价等。这种模式在消费者中越来越受欢迎，同时促进了电商平台和社交媒体平台的融合。

第二，社交化的营销策略。企业在数字经济时代需要通过社交媒体和其他渠道，借助社交化的营销策略，增强品牌形象和用户忠诚度。社交媒体平台为企业提供了更多的社交营销工具，如社交广告、社交媒体营销、社交化的客户服务等，使得企业可以针对消费者需求进行定制化的营销策略。

第三，社交化的产品和服务。随着消费者对社交体验需求的增加，企业也需要提供更加社交化的产品和服务。例如，餐厅可以通过提供共享餐桌、社交菜单等方式，增强消费者的社交体验；旅游公司可以提供更具有社交化特色的旅游线路，如主题旅游、社交媒体打卡等。

第四，社交化的消费场景。消费场景也在数字经济时代中发生着改变。企业需要通过社交化的方式打造更加社交化的消费场景，提供更加个性化、特色化和社交化的消费体验。例如，购物中心可以通过提供社交化的购物体验，如购物节目、线上线下的联动活动、社交分享等，来吸引消费者的关注和消费。

社交消费需求的提升是数字经济时代消费行为不确定性增加的一个重要表现。企业需要充分了解消费者的社交心理和社交价值观，提供符合消费者需求的社交消费体验，通过社交媒体等渠道加强与消费者的互动和沟通，增强品牌影响力和用户忠诚度，促进消费者口碑传播和社交化营销。同时，企业需要注重消费者隐私保护和信息安全，避免社交消费引发的风险和问题，增强消费者信任和安全感，提高消费者满意度和忠诚度，推动消费市场的健康发展。

第五节 消费共享化和运动消费

数字经济背景下，消费者更倾向消费共享化和运动消费。数字技术和互联网技术的应用为消费者提供了更多的共享消费机会和平台，如共享单车、共享汽车、共享住宿等；也为消费者提供了更多的运动消费机会和平台，如健身房、运动器材、运动装备等，推动消费市场呈现出消费共享化和运动消费的新趋势。

在数字经济背景下，消费者的消费观念和消费方式发生了很大的变化，其中包括消费共享化和运动消费的兴起。

一、消费共享化

消费共享化是指多个消费者共同使用某个资源，以实现节约成本和提高资源利用效率的一种消费方式。消费者倾向共享消费，是因为它可以带来更便捷、更实惠的消费体验，同时具有环保和社会责任的意义。

共享单车是共享消费的一个典型例子。消费者可以通过手机 App 轻松使用共享单车，更加方便地出行，同时可以实现资源共享和减少环境污染。共享汽车和共享住宿也是共享消费受欢迎的领域，消费者可以通过在线平台预订车辆和住宿空间，以实现更经济实惠的消费体验。

共享消费不仅可以节省消费者的时间和金钱，还可以减少资源的浪费，降低环境污染的程度，具有环保和社会责任的意义。此外，共享消费也为消费者提供了更加便捷、多样化和高品质的消费体验。

消费共享化是数字经济时代消费行为变化的重要表现之一，消费者倾向通过共享消费来实现更加便捷、实惠和环保的消费体验。企业需要根据消费者的需求，不断优化产品和服务，提高消费者满意度和忠诚度，推动共享消费的发展趋势。

二、运动消费

运动消费指的是消费者在体育、健身、休闲等领域的消费。在数字经济时代，随着人们健康意识的提高和生活方式的改变，消费者对运动消费的需求越来越大。运动消费已经成为一种时尚和生活方式，越来越多的人开始关注身体健康，追求健康的生活方式和良好的体魄。企业需要针对这一趋势，提供更加个性化、多样化和高品质的运动产品与服务，满足消费者的健康和运动需求，开拓运动消费市场。

在数字经济时代，消费者通过互联网和移动应用程序就可以便捷地预订和购买运动产品与服务，如在线购买健身课程、预订健身房会员、购买运动装备等。同时，一些新型的运动消费模式也不断涌现，如共享跑步机、智能健身设备等。

数字技术在运动消费领域得到了广泛应用。例如，一些运动装备厂商利用数字技术开发出了智能运动手环、智能跑鞋等，可以实时监测用户的运动状态、健康状况和运动成果，提供更加精准、个性化的运动建议和训练计划。同时，一些运动社交平台也受到消费者的青睐，可以帮助消费者发现更多的运动好友和运动活动，增强运动的社交性和趣味性。

消费共享化和运动消费是数字经济时代消费者行为变化的重要表现之一，企业需要根据消费者需求的变化，不断优化产品和服务，提高消费者满意度和忠诚度，顺应共享化和运动化的消费趋势，推动运动消费市场的转型和升级。

第六节 消费者消费观念和消费需求的变化

数字经济背景下，消费者对产品品质、服务效率、品牌价值等方面的需求越来越高，消费者更加注重产品品质、服务效率等方面的体验和感受，推动消费市场呈现出品质和效率为重的新趋势。

消费者在数字经济时代更愿意为品质和效率买单，这表明消费者的消费观念和消费需求发生了变化。

首先，消费者对品质的要求越来越高。随着消费者收入水平的提高和消费观念的变化，消费者开始更加注重产品的品质和品牌的信誉度。消费者愿意支付更高的价格来获得更好的品质，这也反映了消费者对自身价值的认可。

其次，消费者对效率的要求也越来越高。数字经济时代的发展，加快了信息流通和商品流通的速度与效率。消费者更加注重快捷、便利和高效的消费体验，愿意为更好的服务和体验买单。

企业在数字经济时代需要注重产品品质和服务效率的提高，同时需要更好地把握消费者消费心理和需求的变化，提供符合消费者需求的产品和服务。企业应该不断提升产品品质和品牌信誉度，提高服务效率和用户体验，以满足消费者对品质和效率的追求。

随着消费者的消费观念和消费水平的提高，他们越来越注重商品的品质和服务的效率，在消费过程中愿意花费更多的时间和金钱去购买高品质、高效率的商品和服务，以获取更好的消费体验和满足个性化需求。

在数字经济时代，消费者可以通过互联网、移动应用程序等轻松地比较、评估不同商品和服务的品质与效率，并快速地找到最适合自己需求的商品和服务。因此，企业需要加强商品和服务的品质控制与效率管理，提高产品和服务的品牌价值与用户体验，满足消费者对高品质、高效率消费的需求，增强品牌的竞争力和市场份额。

在品牌建设方面，企业需要注重品牌文化和品牌形象的塑造，建立有特色、有价值的品牌形象和品牌口碑。同时，企业需要注重品牌传播和推广，通过多渠道、多形式的传播方式，向消费者传递品牌价值和品牌形象，提高品牌知名度和美誉度。

在产品创新方面，企业需要注重消费者需求和消费趋势的分析，结合数字技术和创新手段，开发出更加符合消费者需求的产品和服务。例如，企业可以结合智能化技术和物联网技术，开发出智能家居、智能健康等领域的产品和服务，满足消费者日益增长的健康和便利需求；同时可以结合绿色可持续发展的理念，开发出环保、节能的产品和服务，满足消费者日益增长的环保意识和需求。

第五章　数字经济驱动居民消费升级的实现方向

数字经济驱动居民消费升级的方向主要包括：释放居民消费能力和扩大内需；线上线下消费的有机结合；绿色、健康消费；服务消费的转型和升级。

第一节　释放居民消费能力和扩大内需

数字经济背景下，释放国内消费能力和扩大内需是居民消费升级的重要方向。通过扩大内需，推动消费市场的升级和转型，为消费者提供更多的消费选择和消费服务，促进消费市场的健康可持续发展。通过税收政策、社会保障政策等多种方式，提高消费者的消费能力，激发消费需求，扩大内需市场。加大投入、改善社会保障体系和加强社会福利等方面，提高民生水平和居民消费能力。此外，鼓励企业加大投资，扩大生产规模，提高生产效率，增加就业岗位，从而提高居民收入水平，释放消费潜力，扩大内需市场。

提高消费者的消费能力和消费信心是推动消费升级的重要方向之一。通过税收政策、社保政策等方式，提高消费者的收入水平和福利待遇，从而增强消费者的消费能力和信心。企业可以通过创新和技术升级，提高商品和服务的质量与品位，吸引消费者增加消费。

居民消费升级的关键是释放国内消费者的消费能力，扩大内需。近年来，我国的居民消费需求日益旺盛，消费潜力巨大。为了释放消费潜力，需要采取一系列措施，包括促进就业、增加收入、提高社会保障水平、降低税费负担等。

一、促进就业，提高人民收入水平

当前，我国就业形势总体稳定，但随着经济形势的变化，就业压力依然存在。应该采取措施，鼓励和支持各类企业招聘人员，提高就业率。此外，通过提高工资、提高教育水平等方式，提高人民收入水平，增强消费能力。

在数字经济的背景下，居民消费升级需要释放国内消费者的消费能力，扩大内需。而促进就业和提高人民收入水平是实现这一目标的重要途径之一。

（一）实施更加积极的就业政策

面对就业压力，国家实施了就业优先政策，发挥投资和重大项目对就业的带动作用，实施开发城乡基层社会管理和公共服务岗位、公益性岗位有关政策措施。有效实施各项就业援助计划，统筹做好城镇困难人员、被征地农民、零就业家庭等困难群体的就业工作。同时，建立跨区域劳务协作机制，推动区域劳务协作，促进劳动力转移就业。健全完善农民工进城务工和返乡创业的优惠政策体系，鼓励就地就近就业和返乡创业。

促进就业可以提高人民收入水平，从而激发消费需求。通过一系列措施，如鼓励和支持各类企业招聘人员、扶持创业等，促进就业增长。同时，加强职业培训和技能提升，提高人员素质和就业竞争力，有助于提高就业率和收入水平。

提高人民收入水平也需要注重调整收入分配结构。采取多种措施，如提高最低工资标准、加强劳动者权益保护、调整税制结构等，以提高低收入人群的收入水平。此外，还可以通过加强教育、医疗等领域的投入，提高人力资本的质量，从而提高人民的收入水平。

（二）搭建就业创业服务平台

建立政府监管、机构公开、协会自律、社会监督的人力资源市场监管体系，建立规范的人力资源和用工信息系统，完善企业用工和人力资源状况数据库，健全供求信息动态监测、汇总和发布机制。同时，鼓励支持公共就业服务机构建立综合性服务场所，为劳动者和用人单位提供“一站式”就业服务。

企业可以通过提高员工的薪资待遇，提供良好的职业发展空间等方式，提高员工的收入水平和职业满意度，增强他们的收入预期，从而增强消费信心和消费能力。此外，企业还可以通过创新和技术升级，提高生产效率和产品质量，增加就业机会，促进就业和增加收入。

（三）加强就业创业培训

加强职业教育培训和职业技能公共实训基地建设，鼓励和支持有资质的社会力量开展就业技能培训，提高劳动者就业能力。大规模开展针对困难家庭子女、未升学初高中毕业生、农民工、失业人员和转岗职工、退役军人的免费职业培训行动。开展农村劳动力职业培训，对失业人员开展就业和创业培训，培养互联网平台带货推广、物流配送等新兴行业的急需人才。

通过加强职业培训、提高教育水平等方式，提高人们的技能和素质水平，增强他们的就业竞争力和创业能力。同时，对于新兴行业和新兴业态，加大支持力度，鼓励人们积极参与到这些领域的创新和创业中，促进就业和增加收入。

（四）提高居民收入水平

优化收入分配结构，着力提高低收入群体的收入，大幅提高中等收入群体比重，推动居民收入和经济增长保持同步。具体可以采取以下措施。

1. 优化收入分配结构

通过税收政策、社保政策等手段优化收入分配结构，加大对低收入群体的支持力度。例如，调整个人所得税起征点，提高免征额度；增加对低收入家庭的补贴和福利；健全社会保障制度，提高社保覆盖面和保障水平；加强对高收入人群的监管，防止财富过度集中，造成收入差距扩大。

2. 扩大中等收入群体比重

采取措施促进中等收入群体的增长，扩大中等收入群体比重，实现收入分配更加公平。例如，鼓励企业加强员工培训，提高员工技能和薪资水平；鼓励科技创新和创业创新，支持中小企业发展，扩大中等收入群体比重；加大对新兴产业和服务业的扶持力度，培育高收入岗位。

3. 增加居民财产性收入

完善财产权保护制度、深化金融改革，增加居民财产性收入，提高居民收入水平。例如，加强知识产权保护，促进知识经济和文化产业发展；发展养老金、健康保险等金融保险产品，扩大保险覆盖面；加强金融监管，防范金融风险，保障投资者的利益。

4. 鼓励城乡居民多种形式的经营活动

鼓励城乡居民开展多种形式的经营活动，提高居民经营性收入。例如，建立健全农村土地经营制度，鼓励农民参与土地流转，扩大规模经营；推动农村电商和乡村旅游等新业态发展，增加农村居民收入；鼓励城市居民开展小微企业、网络零售等经营活动，促进城市居民收入增长。

加强就业和提高人民收入水平需要注重可持续性发展，不能只注重短期效益。我们应该注重长远发展，鼓励创新和技术升级，推动经济转型升级，增加就业机会和提高收入水平，从而实现可持续发展。

二、提高社会保障水平

目前，应该加强社会保障体系建设，特别是加强医疗保障、养老保障、失业保障等方面的工作，为人民提供更加全面、更加优质的社会保障服务，提高人民的消费信心和消费能力。

提高社会保障水平是释放国内消费者的消费能力，扩大内需的重要方向之一。

（一）加强医疗保障

随着人民健康意识的提高，医疗保障的需求越来越重要。通过增加医疗保障经费、完善医保制度、降低医疗费用等方式，提高医疗保障水平，让人民享受更加优质、全面的医疗服务。

为了加强医疗保障，可以从以下几个方面进行努力。

（1）增加医疗保障经费。增加医疗保障经费的投入，提高医疗保障基金的保障能力，确保医疗保障的可持续性和稳定性。此外，还可以通过多种渠道吸纳社会资本，建立医疗保障基金，为人民提供更加全面、优质的医疗服务。

（2）完善医保制度。完善医保制度，建立覆盖全民的医保体系，提高医保报销比例和范围，减轻患者医疗负担。同时，加强医保管理，提高医保资金的使用效率和管理水平，确保医保资金的公平、公正使用。

（3）降低医疗费用。采取多种措施，降低医疗费用，减轻患者的负担。例如，提高医疗服务效率和质量，加强医疗资源的配置和利用，降低医疗机构的管理成本，推广普及基层医疗服务，以及鼓励医疗机构进行价格竞争等方式。

（4）加强医疗技术和人才培养。加大对医疗技术和人才的投入，推动医疗科技创新和发展，提高医疗服务的水平和质量。此外，还可以加强医学人才的培养和引进，提高医疗服务的专业水平和技术水平。

加强医疗保障是居民消费升级的重要方向之一，社会各界应该共同努力，不断完善医疗保障体系，提高医疗服务的质量和效率，为人民提供更加全面、优质的医疗服务。

（二）加强养老保障

随着人口老龄化的加剧，养老保障的需求也越来越大。通过加大养老保险基金的投入、完善养老保险制度、扩大养老服务供给等方式，提高养老保障水平，保障老年人的基本生活和权益。

养老保障是一项重要的社会保障工作，随着我国人口老龄化程度的加剧，养老保障的需求也越来越大。需要采取措施，加强养老保障，为老年人提供更加优质、全面的服务和保障，增强老年人的消费信心和消费能力。

通过增加养老保险基金的投入，提高养老保障水平。当前，我国的养老保险基金缺口较大，需要增加养老保险基金的投入，扩大养老保障范围，提高养老保障水平。可以通过采取多种方式，如增加养老保险缴费比例、提高养老保险基数、提高养老保险待遇等，为老年人提供更加优质、全面的养老保障服务。

通过完善养老保险制度，提高养老保障水平。目前，我国的养老保险制度对一些特殊群体的养老保障还存在不足。加强养老保险制度的建设，完善养老保险制度，扩大养老保障范围，保障所有老年人的养老权益。

通过扩大养老服务供给，提高养老保障水平。随着老年人数量的增加，养老服务供给也需要相应扩大。鼓励和支持养老机构的建设和运营，有助于提高养老机构的服务质量和管理水平，提供更加丰富、优质、多样化的养老保障服务。

（三）加强失业保障

随着经济发展的不确定性，失业保障的需求也越来越重要。通过增加失业保障经费、完善失业保险制度、提高失业救助金标准等方式，提高失业保障水平，保障失业人员的基本生活和权益。

失业保障是一项重要的社会保障制度，为失业人员提供一定期限的经济补助和再就业服务，帮助他们渡过难关，维持基本生活。随着数字经济的发展，失业保障的需求也越来越重要，应加强失业保障，提高保障水平，从而保障失业人员的基本权益和生活水平。可以采取以下措施加强失业保障。

首先，通过增加失业保障经费来提高失业保障水平。加大财政投入，扩大失业保险基金的规模，保证失业保险金的支付能力，确保失业人员能够及时获得失业保险金的经济支持。此外，还可以采取适当的财政补贴政策，为失业人员提供一定的生活保障。

其次，完善失业保险制度，提高保障水平。加强对失业保险制度的监管和管理，及时调整和完善制度规定，提高失业保险金的发放标准和范围，确保失业人员能够获得更加优质、全面的失业保障服务。

最后，提高失业保险金标准，为失业人员提供更加全面、优质的社会保障服务。失业保险金是指为失业人员提供的基本生活保障，应该与物价水平和经济发展水平相适应。通过适当提高失业保险金标准，确保失业人员的基本生活需要得到保障。

加强失业保障是数字经济时代推动居民消费升级的重要方向之一。应该加大投入，完善制度，提高失业保障水平，为失业人员提供更加优质、全面的社会保障服务，促进消费市场的健康可持续发展。

（四）支持就业创业

通过支持创业、加大对小微企业的扶持力度、促进“互联网+”

等新业态发展，增加就业机会和就业质量，提高居民收入水平和消费能力。

除了加强社会保障以外，支持就业创业也是释放居民消费潜力，提高消费能力的重要手段之一。通过加大对小微企业的扶持力度、降低创业门槛、鼓励创新创业等方式，创造更多就业机会。同时，通过促进“互联网+”等新业态发展，推动就业市场的升级和转型，提高就业质量和收入水平。

对于小微企业，提供财政支持和金融支持，减轻其经营成本和融资难题，从而增强企业的发展能力和市场竞争力，创造更多的就业机会。此外，通过推动创新创业教育，培养更多的创业人才，提高创业成功率和质量。

在“互联网+”等新业态的发展方面，鼓励企业创新和转型升级，推动互联网、大数据、人工智能等新技术的应用，提高生产效率和企业竞争力，同时也为消费者提供更加便捷、高品质的消费体验。通过促进新业态的发展，增加就业机会，提高就业质量和收入水平，从而增强消费能力。

（五）加强住房保障

推进公租房和保障性住房建设，提高租赁住房的质量和数量，为居民提供良好的住房条件，减轻住房压力，提高消费能力。

除了加强医疗、养老和失业保障，加强住房保障也是促进居民消费升级的重要措施之一。住房问题一直是广大居民关注的焦点，而高房价和租金不断上涨也影响了居民的消费能力和消费信心。因此，应完善住房保障制度，加强住房保障工作，提高居民的居住品质和生活质量。

首先，推进公租房和保障性住房建设。公租房和保障性住房是政府提供的一种住房保障形式，可以为居民提供安全、舒适的住房环境，同时也可以减轻居民的住房负担，提高消费能力。要加大对公租房和保障性住房建设的投入，加快建设进度，提高供给水平。

其次，加强租赁住房的建设和管理。租赁住房是一种灵活的住房形式，可以为居民提供更加个性化和多样化的住房选择。通过鼓励企业和社会力量参与租赁住房建设，加强对租赁市场的监管和管理，提高租赁住房的质量和数量，满足居民多样化的住房需求，增强消费能力和消费信心。

最后，加大对房地产市场的调控力度，推出更加科学、合理的调控措施，保持房价和租金的稳定水平，减轻居民的住房压力，提高消费能力。

加强住房保障是促进居民消费升级的重要措施之一。加大对住房保障工作的投入，推进公租房和保障性住房建设，加强租赁住房的建设和管理，降低房价和租金水平，提高居民的居住品质和生活质量，从而增强消费能力和消费信心。

提高社会保障水平是释放国内消费者消费潜力、扩大内需市场的关键之一。加大建设社会保障制度的投入力度，加强监管和管理，提高社会保障水平，增强居民的消费信心和消费能力，推动消费市场的升级和转型。同时，企业也应该积极履行社会责任，提供更好的福利待遇和劳动条件，吸引和留住优秀员工，为消费市场的健康可持续发展提供有力支持。

第二节　线上线下消费的有机结合

数字经济背景下，推动线上线下消费的有机结合，也是居民消费升级的重要方向。线上线下消费的有机结合可以为消费者提供更加便捷、快速、个性化的消费体验和服务，同时也可以促进消费市场的升级和转型。加强对线上线下消费的引导和支持，推动线上线下消费的有机结合，为消费者提供更多的消费选择和消费服务。

推动线上线下消费的有机结合是一个系统性、全面性的过程，需要企业和消费者共同努力。具体建议如下。

一、推广数字化技术

鼓励企业加大对数字化技术的投入和创新，提高数字化技术在线上线下消费中的应用水平。例如，推广智能化的客服系统、线上支付、线下自助服务等技术手段，让消费者可以随时随地进行购物、预约等操作。

推广数字化技术是推动线上线下消费的有机结合的重要手段之一。数字化技术的发展为线上线下消费的融合提供了有力的支撑，为消费者提供更加便捷、快速、个性化的消费体验和服务，有利于提高消费者的消费欲望。以下是推广数字化技术的几个方面。

（一）加强数字基础设施建设

数字化技术的应用需要有稳定、高速、广覆盖的数字基础设施支撑。加大对数字基础设施建设的投资力度，建设高速、稳定、广覆盖的数字网络和数据中心，提高数字化技术的普及率，并扩大其应用范围。

加强数字基础设施建设是推动线上线下消费有机结合的关键。数字基础设施包括通信基础设施、数据中心、云计算、物联网、人工智能等，是数字经济发展的基石。在数字经济背景下，数字基础设施建设的快速发展对推动线上线下消费有机结合起着重要作用。

首先，加强数字基础设施建设可以提高数字技术的应用水平。数字基础设施是数字技术应用的物质基础，要提高数字技术在消费领域的应用水平，进一步促进线上线下消费的有机结合。

其次，加强数字基础设施建设可以提高消费者的数字体验水平。数字基础设施建设的完善可以带来更加便捷、快速、个性化的数字服务和消费体验，提高消费者对数字服务的满意度和信任度，促进数字经济的健康发展。

最后，加强数字基础设施建设可以促进数字产业的发展。数字基础设施是数字产业发展的基础设施，只有建设了完善的数字基础设施，才能更好地促进数字产业的发展，从而增强数字经济的竞争力和活力。

（二）推动数字化技术的创新和应用

数字化技术的创新和应用是推动线上线下消费有机结合的关键。鼓励企业加大对数字化技术的研发和应用，推动数字化技术在消费领域的广泛应用。同时，加强对数字化技术应用的引导和规范，确保数字化技术的应用能够更好地满足消费者的需求，促进线上线下消费的有机结合。

推动数字化技术的创新和应用是推动线上线下消费有机结合的重要手段之一。数字化技术的不断发展和应用可以提高消费者的消费体验和服务质量，促进消费市场的升级和转型。企业和社会各方面都应该加强数字化技术的创新和应用，为消费者提供更多的消费选择和消费服务。

首先，加大对数字化技术的支持和引导。通过制定相关政策，提高对数字化技术的研发和应用的支持力度，加快数字化技术在传统行业的推广应用，鼓励企业创新，提升消费体验和服务水平。

其次，企业也应该加强数字化技术的研发和应用。企业可以加大对数字化技术的投入，积极探索数字化技术在产品设计、生产制造、营销推广等方面的应用，提高企业的数字化水平和竞争力，提供更好的消费体验和服务。

最后，社会各界也可以积极参与推动数字化技术的创新和应用。数字化技术的应用范围广泛，不仅涉及企业和政府机构工作需要，还涉及个人和家庭的生活消费等方面。个人可以通过数字化技术获得更加便捷、个性化的消费服务，但也需要关注个人信息安全。

（三）加强数字化人才培养

数字化技术的推广需要足够数量、高素质的数字化人才支持。加大对数字化人才培养的投入力度，建设数字化人才培训机构，提供数字化人才培训和培养计划，培养更多的数字化专业人才，为数字化技术的推广提供人才保障。

加强数字化人才培养是推动数字经济发展、推动数字化技术创新和应用的关键。随着数字经济的快速发展，数字化技术的应用范围和深度也在不断扩大，数字化人才的需求也越来越大。企业和高等教育机构等各方应该加强数字化人才培养，增加数字化人才的数量，提高人才质量，促进数字经济的快速发展。

首先，加大对数字化人才培养的投入。通过制定相关政策、加大资金投入、设立专项基金等方式，支持高校、职业学校等机构加强数字化人才培养，并提高其质量。此外，还可以组织开展一系列的培训、实践活动，提高数字化人才的实践能力和应用能力。

其次，企业应该加强数字化人才的培养和引进。企业可以通过组织内部培训、招聘优秀数字化人才等方式，提高企业数字化人才的水平，推动数字化技术在企业中的广泛应用和创新。此外，企业还可以与高校、研究机构等合作，开展技术创新和人才培养方面的合作，提高数字化人才的质量。

最后，高等教育机构应该加强数字化人才的培养。高校可以开设相关的数字化人才培养专业，设置相应的课程，提高学生的数字化技能水平和应用能力。同时，高校还可以加强与企业、科研机构等的合作，开展数字化技术的研究和应用，提高数字化人才的创新能力和实践能力。

（四）加强数字化技术在传统行业的应用

数字化技术在传统行业的应用可以带来许多好处，如提高生产效率、降低成本、提升产品品质和服务水平等。传统行业的数字化转型和升级也是推动线上线下消费有机结合的重要途径之一。加大对传统行业数字化转型的支持力度，鼓励传统行业加强与数字化技术企业的合作，促进数字化技术在传统行业的应用，提高传统行业的效率和服务质量。

首先，加强政策引导，鼓励传统行业积极推动数字化转型。制定一系列支持政策，如税收优惠、贷款支持、创新指导等，鼓励企业开展数字化转型，并提供必要的技术支持和培训。

其次，企业可以积极推动数字化技术在传统行业的应用。企业可以加大研发力度，不断创新数字化技术，提高产品品质和服务水平。

最后，加强数字化人才培养也是推动数字化技术在传统行业应用的关键因素。企业只有具备一定的数字化技术和管理知识，才能更好地推进数字化转型。开展数字化人才培训，提高人才的数字化素养和技能水平，为传统行业的数字化转型提供更多的人才支持。

推广数字化技术是推动线上线下消费有机结合的重要手段，需要企业和社会各方面的共同努力，加强数字基础设施建设，推动数字化技术的创新和应用，加强数字化人才培养，加强数字化技术在传统行业的应用，为消费者提供更加便捷、高效、智能化的消费体验和服务，促进消费市场的升级和转型。

在推广数字化技术方面，通过出台相关政策和加大投资，促进数字化技术的研发和应用。同时，也可以加强数字基础设施建设，提高数字化技术的覆盖范围和稳定性，为企业和消费者提供更好的数字化环境。

企业可以通过加强技术创新和应用，推动线上线下消费的有机结合。例如，通过使用大数据技术和人工智能算法，提供个性化的消费服务和体验，通过物联网技术和云计算技术，实现线上线下的融合和数据共享，提高消费者的满意度和忠诚度。

加强数字化人才培养，提高数字化技术的普及率和应用水平，有利于加强数字化技术在传统行业的应用和推广，推动线上线下消费的有机结合。

二、建设多渠道销售网络

引导企业建设多渠道销售网络，包括线上平台、线下门店、社交媒体等多种销售渠道。消费者可以根据自己的需求和习惯进行选择，享受更加便捷的消费服务。

建设多渠道销售网络是推动线上线下消费有机结合的关键步骤之一。在数字经济时代，消费者不仅可以通过传统的线下渠道购买商品和服务，还可以通过线上平台、社交媒体等多种渠道进行消费。通过政策引导和资金支持，帮助企业建设多渠道销售网络，以更好地满足消费者的需求和提高消费者的消费体验。同时，加强对消费者权益的保护，规范线上销售市场秩序，提高消费者对线上消费的信心和安全感。

首先，通过鼓励和支持企业发展电子商务和移动互联网技术，帮助企业打造线上销售平台，提供更加便捷的购物体验。消费者可以通过电脑或手机轻松地选购商品，并且可以在线上完成支付和选择配送时间等环节，从而节省时间和精力。

其次，还可以鼓励企业设立线下门店，提供更加贴近消费者的购物体验。线下门店可以为消费者提供实物展示和试用、面对面的咨询等服务，更好地满足消费者的需求和提高消费者的消费体验。

最后，鼓励企业通过社交媒体建立销售渠道。随着社交媒体的普及和影响力的不断扩大，很多企业已经开始利用社交媒体进行营销和销售。通过社交媒体建立销售渠道，企业可以与消费者建立更加密切的关系，提供个性化的营销和服务，促进线上线下消费的有机结合。

在建立多渠道销售网络的过程中，企业可以通过加强自身数字化能力和创新能力，提高销售效率和服务质量，提升消费者的购物体验和忠诚度。同时，企业还可以通过与线上平台的合作，扩大销售渠道，增加品牌曝光度，提高市场占有率。

企业和消费者可以共同努力，加强数字化基础设施建设，推广数字化技术创新和应用，加强数字化人才培养等，为建立更加便捷、快速、个性化的消费服务体系打下坚实基础。

三、优化配送服务

优化配送服务也是推动线上线下消费有机结合的重要措施之一。在数字经济时代，快速准确的配送服务已经成为消费者选择商品和服务的重要因素之一。通过加强物流建设、推广智能化配送等措施，优化配送服务，提高消费者的满意度和消费体验水平。

首先，加强物流建设是优化配送服务的基础。通过提高基础设施建设水平，加强对物流业的引导和支持，提高物流业的发展水平和服务质量，为消费者提供更加高效、安全、可靠的物流服务。

其次，推广智能化配送也是优化配送服务的重要手段。通过应用物联网、人工智能等新技术，可以实现物流配送的智能化和自动化，提高配送效率和服务质量。鼓励企业加大对智能化配送技术的投资和研发，推广智能化配送技术的应用，提高消费者的消费体验水平。

再次，鼓励企业探索新的配送模式，如共享配送、无人机配送等。共享配送可以通过多家企业的合作，实现资源共享和配送服务的共享，降低物流成本，提高效率。无人机配送则可以通过无人机技术，实现更加灵活的配送服务，为消费者提供更加便捷的消费体验。

最后，加强对配送行业的监管，规范配送市场秩序，保障消费者的合法权益。同时，鼓励和支持创新型物流企业的发展，推动物流业的升级和转型，提高配送服务的品质和效率。

在优化配送服务的过程中，也需要注重节能减排和环保。应鼓励企业采用新技术和新材料，推广绿色物流和低碳配送，减轻物流环节对环境的影响。

优化配送服务可以提高线上线下消费的结合，提高便利性和效率，为消费者提供更加优质、个性化的消费体验。应加强对配送服务的引导和支持，推动配送服务的优化和创新，提高消费者的满意度和消费体验水平。

四、加强消费者权益保护

通过完善相关法律法规、加大对违规行为的处罚力度等手段，保护消费者的合法权益。这样，消费者在线上线下消费过程中，有了更加可靠的保障，才会更加放心地进行消费。

加强消费者权益保护是推动线上线下消费有机结合的重要保障，可以提高消费者的信心和满意度，促进消费市场的健康发展。可以通过以下手段加强消费者权益保护。

（一）完善相关法律法规

针对线上线下消费中出现的问题，制定和完善相关的法律法规，明确消费者的权益和责任，保护消费者的合法权益。

随着电子商务和互联网技术的不断发展，越来越多的消费者选择在线上进行购物和消费。然而，一些问题也随之而来，如虚假宣传、假货、侵权盗版、网络诈骗等。因此，应该采取措施，完善相关的法律法规，保护消费者的权益和维护市场的公平竞争。

加大对侵犯知识产权行为的惩罚力度。在电子商务领域中，侵犯知识产权的行为较为普遍，如商标侵权、专利侵权、著作权侵权等。为了打击这些违法行为，应该加大对这些行为的惩罚力度，同时加强知识产权保护的宣传教育，提高消费者和商家的知识产权保护意识。

加强对电子商务从业者的管理。对电子商务从业者的资质和行业背景进行审查，并建立相应的资格认证机制。同时，应该加强对电子商务从业者的监管，严格查处违法违规行为，从源头上保障消费者的合法权益。

加强与互联网企业的合作，共同推动电子商务行业的健康发展。可以通过与互联网企业的合作，共同开发在线交易的标准化系统，加强信息共享，提高电子商务行业的规范化水平，进一步增强消费者的安全感和信任度。同时，还应该加强对电子商务平台的监管，建立相应的监管机制，保障平台的公平竞争和合法运营，同时加强对平台上商家的管理，规范商家的经营行为。

除此之外，还可以采取多种措施，进一步保障消费者的合法权益。例如，加强消费者权益保护机构的建设和监管，完善投诉举报机制，加强对虚假宣传、价格欺诈等违法行为的打击，提高对消费者的维权保护水平。加强对电子商务从业者、平台和行业的监管，建立相应的监管机制，保障消费者的合法权益，推动电子商务行业的健康发展。

（二）加大对违规行为的处罚力度

通过加强对商家的监管，建立行业规范和标准等方式，规范商家的经营行为，提高市场的透明度和竞争力。同时，还应该加强对消费者的教育和宣传，提高消费者的自我保护能力。

加大对违规行为的惩罚力度。通过加大对违规商家的罚款力度、责令改正、吊销营业执照等方式，打击违规行为，保护消费者的利益。还可以采取其他措施，如公示违规商家名单、设立投诉举报热线等，加大对违规行为的查处力度，从而提高公信力。

通过加强对商家的监管，建立行业规范和标准等方式，规范商家的经营行为，提高市场的透明度和商家竞争力。这些规范和标准可以包括产品质量、价格合理性、服务质量等方面，对于那些违反规范和标准的商家，应该给予严厉的处罚。这样不仅可以减少违规行为的发生，还可以保障消费者的权益，提高市场竞争力。

（三）提供投诉和维权渠道

为消费者提供投诉和维权的渠道，如设置消费者服务热线、建立消费者维权平台等，让消费者有一个快速、有效的途径来维护自己的合法权益。

在互联网时代，消费者的消费行为日趋多样化和复杂化，线上线下消费中出现的问题也日益增多。如何保障消费者的权益和维护市场秩序成为一个迫切的问题。为此，应该为消费者提供投诉和维权的渠道，建立一个快速、有效的维权机制，让消费者能够更好地保护自己的合法权益。

增设消费者服务热线，让消费者能够通过电话、短信、邮件等多种途径，随时随地向相关部门反映和投诉问题。设立专门的接待窗口和工作人员，对消费者的投诉和咨询进行及时、有效的处理与回复。同时，利用现代化的通信技术，建立在线咨询平台，让消费者能够通过网络平台，得到及时、专业的帮助和解答。

建立消费者维权平台。消费者维权平台是一个公益性的服务平台，旨在为消费者提供一种快速、有效的维权途径。通过建立专门的网站、微信公众号等形式，让消费者能够直接向平台提交维权申诉，同时也可以通过平台向消费者发布相关的维权信息、法律法规等，提高消费者的维权意识和能力。

在实施上述措施时，应该注重协调和合作。可以与消费者组织、行业协会等建立合作关系，共同制定和实施消费者权益保护政策和措施，共同推动消费者权益保护工作的深入开展。同时，还应该注重宣传和教育，加强对消费者权益保护的宣传和教育，提高消费者的维权意识和能力。

（四）加强消费者权益教育

通过宣传教育等方式，加强消费者权益保护意识的普及。这可以帮助消费者提高警惕，识别虚假宣传和价格欺诈等违规行为，维护自己的合法权益。

随着经济的发展和人民生活水平的提高，消费者的消费行为日益多元化和复杂化。然而，个别商家为了获取更多的利益，采取虚假宣传、价格欺诈、侵犯消费者权益等手段来欺骗消费者。这些违规违法行为不仅损害了消费者的利益，也扰乱了市场秩序。因此，有必要加强消费者权益教育，提高消费者的权益保护意识，帮助消费者识别和应对各种违规违法行为。

通过宣传教育，向广大消费者普及消费者权益保护的知识和方法。利用各种宣传媒体，如电视、广播、报纸、网络等，开展系列宣传活动，向消费者宣传消费者权益保护相关的法律法规和政策，提高消费者的维权意识和能力。加强对消费者的培训和教育，提高消费者的消费素质和维权能力。

加强媒体宣传，扩大消费者权益保护的影响力。利用新闻媒体、社交媒体等平台，向公众普及消费者权益保护相关的信息和案例，揭露虚假宣传、价格欺诈等违规违法行为，引导公众对这些行为保持高度警惕。同时，还可以通过媒体宣传，展示对违规违法商家的查处和处罚，增强消费者的信任度和维权意识。

加强消费者权益保护机制的建设。建立消费者权益保护机构，为消费者提供投诉受理、调解协商、法律援助等服务，帮助消费者维护自己的合法权益。通过加强对违规违法商家的查处和处罚力度，打击违规违法行为，维护市场秩序和消费者权益。加强与消费者组织、行业协会等的合作，共同推动消费者权益保护工作的开展，共同制定和实施相关政策和措施。还可以利用这些组织和协会的资源和专业知识，向消费者提供更加全面和专业的维权服务，提高消费者的维权能力和成功率。

（五）加强对电子商务平台的监管

加强对电子商务平台的监管，规范平台经营行为，从而保障消费者的权益。例如，加强对商家的入驻审核、对交易过程的监督管理等。同时，支持电子商务平台提供“先试后买”等消费者保障服务，增强消费者的满意度。

电子商务已成为现代消费的主要形式之一，对人们的消费方式和经济发展产生了深刻的影响。然而，个别电子商务平台的经营行为不规范，给消费者带来了一定的损失和困扰。因此，应加强对电子商务平台的监管，规范平台经营行为，从而保障消费者的权益。

加强对商家的入驻审核，严格审核商家的资质和信誉，防止一些不良商家通过电子商务平台实施违法行为。可以要求商家提供相关的证照和资质，对商家的信誉和经营历史进行评估，避免一些虚假和欺诈的商家进入电子商务平台。还可以建立黑名单制度，对违规商家进行公示和惩戒，提高商家的诚信意识。

通过建立电子商务平台监管机构、加强对平台的定期检查和监督、建立投诉受理渠道等方式，加强对电子商务平台的管理和监督，及时发现和纠正违规行为。还可以采用先进的技术手段，如大数据分析、人工智能等，加强对电子商务平台交易数据的监测和分析，提高监管效率和准确性。

通过税收优惠、资金扶持等方式，鼓励电子商务平台为消费者提供更多的保障服务。建立电子商务信用评价机制，对电子商务平台的信用情况进行评估，加强对平台的管理和监督。

通过以上措施，加强消费者权益保护，有助于提高消费者的信心和满意度，促进线上线下消费的有机结合，推动消费市场的升级和转型。

五、加强消费者教育和引导

加强消费者教育和引导是促进线上线下消费有机结合的重要手段。通过教育和引导，可以提高消费者对消费品质量、价格、安全等方面的认识，引导消费者理性消费、注重个人信息保护等，同时也可以促进企业提供更加个性化、优质的消费服务，满足消费者的需求。

首先，通过媒体宣传、社会组织活动等形式，加强对消费者的教育。例如，通过举办消费知识讲座、发布消费指南等方式，向消费者传授消费知识，提高消费者的消费水平和消费能力。同时，利用互联网等新媒体平台，向广大消费者传递消费信息和消费警示，引导消费者理性消费，避免被不良商家欺诈。

其次，完善消费者权益保护法律法规，严格监管市场秩序。通过加大对违规违法企业实施处罚等措施，可以有效减少消费者遭受不良商家欺骗的风险，增强消费者的信心。

最后，引导企业提供更加个性化、优质的消费服务，满足消费者的需求。例如，鼓励企业采用新的科技手段，提供更加便捷、快速、个性化的消费体验，让消费者能够享受更加优质的服务。鼓励企业开展消费者满意度调查，了解消费者的需求和意见，及时改进和优化产品和服务。

六、加强数据安全保障

建立完善的数据保护制度，加强数据安全监管，加强对线上线下消费中的个人数据安全保障，保护消费者的隐私权和个人信息安全。

随着数字化技术的广泛应用，消费者在线上线下消费中产生的个人数据量也越来越大。个人数据的泄露和滥用会给消费者带来极大的损害，因此加强数据安全保障显得尤为重要。

完善相关法律法规，加强对线上线下消费中的个人数据保护和隐私权保护。同时，还可以建立专门的数据保护机构和监管机构，加强对企业和相关机构的数据安全监管，确保数据的安全和隐私得到有效保护。

加强数据安全技术研究和创新，探索新的数据安全技术，提高数据安全保障水平。同时，可以鼓励企业加强数据安全保障措施，建立完善的数据保护体系，确保消费者的数据安全。

加强对数字经济和线上线下消费市场的监管和规范，维护市场秩序和公平竞争。对于不良商家的欺诈行为等情况，应加大打击力度，保护消费者的合法权益。

推动线上线下消费的有机结合需要企业和社会各方面的共同努力。政府机构可以加强数字基础设施建设、推动数字化技术的创新和应用、加强数字化人才培养、加强数字化技术在传统行业的应用、建设多渠道销售网络、优化配送服务、加强消费者权益保护、加强消费者教育和引导。消费者可以通过移动支付、智能客服等技术手段，在线上选购商品，在线下体验服务。同时，消费者还可以通过线上社交平台和线下门店进行互动，获得更加便捷和个性化的消费体验。企业可以通过数字经济的应用，推动线上线下消费的有机结合，提高消费者的满意度和消费体验水平，促进消费市场的转型和升级。

第三节　绿色、健康消费

随着社会的发展和环境问题的凸显，绿色、健康消费成为消费市场的重要趋势之一。借助数字经济，企业可以提供更加环保、健康的消费品和服务，满足消费者对生态环境和健康的关注与需求。消费者也需要注重绿色、健康消费，选择符合自己生活方式和价值观的消费品与服务。

为了推动绿色、健康消费，可以采取以下措施。

一、严格执行环保政策

（一）严格执行相关环保政策

加大对环境污染和生态破坏的治理力度，对不符合环保标准的企业和产品进行惩罚和淘汰，加强环保监管和信息公开，提高消费者对环保问题的认识和关注度。

严格执行环保政策是推动绿色、健康消费的重要手段之一。可以通过多种手段，推动环保意识的普及和环保政策的落地，引导企业向环保和健康领域转型升级，为消费者提供更多、更好、更安全的消费选择和服务。

（二）完善立法和政策扶持

完善相关法律法规，加大环境保护和生态修复等方面的投入，鼓励企业加强环保和健康领域的研发和创新，鼓励消费者进行绿色、健康消费。另外，需要加强环保监管和信息公开，提高消费者对环保问题的认识和关注度，引导消费者选择更加环保、健康的消费品和服务。

在推动绿色、健康消费的过程中，需要加强对企业的指导和监督，对不符合环保标准的企业和产品进行惩罚和淘汰，鼓励企业加强环保和健康领域的投入和创新，推动企业向绿色、健康方向转型升级。

严格执行环保政策是推动绿色、健康消费的重要手段之一，需要企业和社会各方面共同努力，提升环保意识和加强监管。

（三）推广环保认证和标准体系

提高环保产品的认可度和市场占有率，鼓励企业加大环保投入和绿色技术创新，推动绿色产业的发展。同时，通过财政和税收等方面的支持，鼓励企业开展环保技术研发和应用，提高环保产业的竞争力和市场影响力。

严格执行健康消费的相关政策，加大对食品安全、健康产品等的监管和管理，完善相关标准和认证制度，加大对虚假宣传和欺诈行为的打击力度，提高消费者的健康意识和健康素养。同时，推广健康生活方式和食品安全知识，引导消费者形成良好的健康消费习惯。

（四）企业和消费者要积极参与和推动绿色、健康消费

推动绿色、健康消费需要企业和消费者的共同努力。只有企业和消费者协调合作，才能实现消费市场的转型和升级，促进经济可持续发展和人民生活水平的提高。

加强环保和健康意识，提供绿色、健康产品和服务。企业可以采用绿色供应链和绿色经营模式，从源头上控制环境污染和资源浪费，减少对环境的负面影响。同时，企业还可以采用环保和健康认证，提高产品和服务的品质与竞争力，增强消费者对产品的信任和认可度。例如，很多企业通过使用可再生能源、节约能源和资源、减少废弃物的产生等方式，实现了绿色生产，为消费者提供了更加环保、健康的产品和服务。

企业应该在产品设计、生产和销售等各个环节上，注重环保和健康，遵循“减量、绿色、循环”的原则，推广绿色产品和服务，促进绿色供应链和绿色经营模式的实施。企业还应该积极开展环保和健康主题的宣传教育，提高消费者的环保和健康意识，鼓励消费者选择绿色、健康消费品和服务，推动绿色、健康消费。

注重自身的环保和健康，选择绿色、健康产品和服务。消费者应该了解绿色、健康产品的相关知识，通过了解产品的材料和制造工艺，选择绿色、健康、可持续的产品和服务，减少对环境的影响。同时，

消费者还可以通过实际行动推动绿色、健康消费。例如，消费者可以通过垃圾回收、垃圾分类等方式，减少对环境的污染；选择使用环保、节能的家电产品等，节约资源和能源；选择绿色、健康的食品和饮料等，保障自身的健康。

推动绿色、健康消费需要全社会的共同参与和努力。除了企业和消费者外，媒体、社会组织等力量也可以积极参与和推动绿色、健康消费。例如，媒体可以加强环保和健康的宣传报道，社会组织可以开展环保和健康领域的公益活动，共同推动绿色、健康消费。

二、加强产品质量监管和认证

加强对绿色、健康消费品的质量监管和认证，通过认证标志、质量检测等方式，提高消费者对产品的信任度和购买意愿。同时，可以加强对消费品的标志和信息公开，让消费者更清晰地了解产品的成分、性能、环保指标等相关信息。

加强产品质量监管和认证是推动绿色、健康消费的重要手段。加强对消费品的质量监管，制定严格的产品质量标准，加强质量检测和抽检，对不符合标准的产品进行处罚和淘汰。同时，普及消费品的认证标准，如ISO环保管理认证、有机认证等，通过认证标志，提高消费者对产品的信任度和购买意愿。

加强对消费品标志的管理，规范产品标志的内容和形式，让消费者更加清晰地了解产品的成分、性能、环保指标等相关信息。同时，要加强对产品信息公开的管理，鼓励企业主动公廾产品信息，让消费者更加全面地了解产品的信息和质量，增强消费者的消费信心和购买意愿。

加强产品质量监管和认证不仅有助于保障消费者的合法权益，而且有助于提升企业的产品质量和竞争力，推动消费市场的升级和转型。

三、鼓励企业加强环保和健康意识

通过奖励机制、减免税费等方式，鼓励企业加强环保和健康意识，提高产品的环保和健康性能，满足消费者对健康和环保的需求和期待。同时，相关管理部门加强与企业的合作和沟通，鼓励企业实施绿色生产和循环经济模式，减少对环境的负面影响。

企业应该积极践行社会责任，加强环保和健康意识。企业可以通过优化生产工艺、采用环保材料、开发绿色产品等方式，满足消费者对环保和健康的需求，提高企业的社会形象和竞争力。同时，企业也需要注重产品质量和服务质量，提高消费者的满意度和忠诚度。

引导企业加强对生产环节和供应链的管理和监督，确保生产过程的环保和健康性，从根本上保障消费者权益和公共利益。此外，加强对企业的技术支持和引导，鼓励企业在产品研发和生产中加入环保和健康元素，推动绿色、健康消费。

除了引导和支持，企业也需要自觉加强环保和健康意识，推动绿色、健康消费。企业可以加强对供应商和代工厂的管理和监督，确保产品的环保和健康性能符合标准。同时，企业还可以加大对绿色、健康消费的投入和研发，提供更加符合消费者需求的环保、健康的产品和服务。在数字化技术的支持下，企业可以更好地开展环保和健康消费的宣传和推广，引导消费者积极参与。

四、加强消费者教育和引导

通过媒体、社会组织等渠道，加强对消费者的教育和引导，引导消费者选择绿色、健康的消费品和服务，提高消费者的环保和健康意识。

消费者教育和引导是促进绿色、健康消费的重要手段。通过媒体宣传、开展主题活动、提供相关信息咨询等形式，加强消费者的环保和健康教育，提高消费者对绿色、健康消费的认知和了解。

通过设立绿色、健康消费品的认证机构，为消费者提供可靠的认证标志和产品信息，鼓励消费者选择环保、健康的消费品和服务。此外，还可以开展绿色、健康消费的推广活动，鼓励消费者积极参与，促进绿色、健康消费的普及。

建立产品生产和销售的数字化平台，提供产品的信息化追溯和产品质量认证等服务，让消费者更加了解产品的环保和健康性能。同时，也可以借助数字经济的应用，推动绿色、健康产业的发展，促进传统产业向绿色、健康产业的转型升级。

推动绿色、健康消费是消费升级的重要方向，也是保障消费者权益和促进消费市场健康可持续发展的必经之路。企业、消费者等各方需要共同努力，推动绿色、健康消费的普及。

五、促进产业升级和转型

促进绿色、健康产业的升级和转型，不仅有助于消费者选择更加环保、健康的产品和服务，而且可以推动整个产业向更加可持续、环保、健康的方向发展。下面是一些具体的建议。

（一）加大对绿色技术和绿色产业的支持和投资

随着全球环境问题日益严重，人们对于绿色发展的需求越来越高。为了推进绿色发展，加大对绿色技术和绿色产业的支持和投资显得尤为重要。完善相应的政策措施，鼓励企业加大绿色技术和绿色产业的研发投入，从而推动绿色、健康产业的发展和壮大。

首先，通过减税优惠政策，鼓励企业加大研发投入，加速推动绿色产业的发展和壮大。减税优惠政策是政府为企业提供的一种财务支持手段，可以降低企业的成本，促进企业的发展。对于投入绿色技术和绿色产业的企业，可以给予一定的减税优惠政策，帮助企业减轻负担，鼓励企业加大投入。

其次，采取资金扶持政策，支持绿色技术和绿色产业的发展。绿色技术和绿色产业的发展需要大量的资金投入，特别是对于创新性的绿色技术项目和有前景的绿色产业企业来说更是如此。设立专项资金，给予一定的资金扶持，能够帮助企业快速推进绿色产业的发展。

再次，通过市场化激励政策，引导市场力量，激励企业加大绿色技术和绿色产业的研发投入。例如，提高环境污染的治理成本，鼓励企业采用更加环保的技术和产品，促进绿色产业的发展。这样不仅可以推动企业加大研发投入，还可以带动绿色产业的发展，进一步提升社会的环保水平。

最后，通过产业配套政策，推动绿色技术和绿色产业与其他相关产业的协同发展。绿色技术和绿色产业是一个相对较新的产业，与其他产业的联系较为紧密。例如，鼓励能源、建筑、交通运输等行业采用绿色技术，促进绿色产业的发展，同时也能够推动其他产业的转型升级。这样可以形成“互惠互利”的局面，实现各产业之间的良性循环和协同发展。

加大对绿色技术和绿色产业的支持和投资，不仅可以促进绿色、健康产业的发展和壮大，还可以带动整个社会的可持续发展。随着环境问题越来越突出，绿色技术和绿色产业的发展已经成为各国政府和企业争相投资的领域。如果能够通过政策措施，积极扶持和引导绿色技术和绿色产业的发展，就可以为实现可持续发展的目标做出更加积极的贡献。

（二）加强环保和健康意识的培养

加强宣传和教育，提高企业和公众的环保和健康意识。采取多种形式的宣传和教育活动，如举办环保和健康专题讲座、发放环保和健康宣传资料等，提高企业和公众的环保和健康意识。这样，企业就会更加重视环保和健康问题，积极采取相应的措施，提高产品的环保和健康性能。同时，公众也会更加重视环保和健康问题，选择更加环保和健康的产品，进一步推动企业加强环保和健康意识。

（三）制定并执行绿色、健康产品和服务的认证与标准

制定并执行相关的绿色、健康产品和服务的认证与标准，鼓励企业提供更加环保、健康的产品和服务，保障消费者的健康和环保权益。

制定并执行相关的认证和标准，规范绿色、健康产品和服务的市场。成立专门的机构或委托第三方机构，对绿色、健康产品和服务进行认证与评估。这样就可以规范市场秩序，减少假冒伪劣产品的流通，保障消费者的健康和环保权益。

（四）推动传统产业向绿色、健康产业转型升级

完善相关政策，加大对传统产业的改造和升级力度，促进传统产业向绿色、健康产业的转型升级。

首先，制定相关的政策，为传统产业的改造和升级提供支持和保障。采取多种形式的财政支持、税收优惠、创新券、科技补贴等政策措施，鼓励传统产业向绿色、健康产业的转型升级。例如，给予符合绿色、健康产业标准的企业税收优惠、贷款支持等，鼓励企业加大研发投入，推动技术创新和转型升级。

其次，加强对传统产业的监管和执法，推动传统产业的环保和健康转型。加强对传统产业的环保和健康监管和执法，制定严格的环保和健康标准和规范，确保传统产业的生产过程符合相关标准和规范。同时，鼓励企业采用更加环保、健康的技术和材料，提高产品的环保和健康性能。

再次，加强对传统产业的培训和教育，提高企业员工的环保和健康意识。组织相关的培训和教育活动，提升传统产业的企业员工的环保和健康意识，提高他们的环保和健康素养，促进传统产业向绿色、

健康产业的转型升级。同时，建立相关的咨询和指导机构，为企业提供技术和管理方面的支持和指导。

最后，加强与绿色、健康产业的合作和交流，促进传统产业向绿色、健康产业的转型升级。鼓励传统产业与绿色、健康产业进行合作和交流，分享技术和管理经验。同时，还可以举办相关的展览和论坛，为传统产业和绿色、健康产业搭建交流和合作的平台，促进产业升级和转型发展。

以上措施可以共同作用，促进绿色、健康消费的普及，从而推动消费市场的升级和转型。

第四节 服务消费的转型和升级

数字经济背景下，推动在线服务，促进服务消费，也是居民消费升级的重要方向。服务消费是消费市场的重要组成部分，也是消费市场转型和升级的重要方向之一。通过推动服务业的发展、促进服务消费的发展等方式，推动服务消费的转型和升级，可以为消费者提供更加优质、便捷、个性化的消费选择和服务。

服务消费是居民消费升级的重要方向之一。企业通过加大对服务消费的投资和创新，推动服务消费的发展和普及，提高服务消费的质量和效益。此外，还可以推动在线服务消费的升级，提高在线服务的质量和效益，促进消费市场的转型和升级。

一、推动服务业的发展

通过完善相关政策和规划，鼓励企业加大对服务业的投资和创新，促进服务业的发展。同时，降低企业进入门槛，鼓励更多的企业参与服务业竞争。推动服务业的发展需要在以下方面做出相应的支持和规划。

（一）降低服务业准入门槛

近年来，服务业在国民经济中的比重不断增加，成为推动经济发展的重要力量。然而，服务业的发展受到了一些限制，其中之一就是准入门槛较高。为了促进服务业的发展，须采取一些措施，降低服务业的准入门槛，让更多的企业参与到服务业的竞争中来。

通过简化服务业的注册程序，降低服务业的准入门槛。在现实中，很多企业想要进入服务业，但是由于服务业的注册程序烦琐、审批时间长等原因，致使它们很难实现自己的愿望。因此，可以通过简化注册程序、缩短审批时间等方式，减少企业进入服务业的难度，鼓励更多的企业参与服务业的竞争。

采取税收优惠等激励措施，降低服务业的准入门槛。在现实中，很多企业由于资金不足、技术水平较低等原因，很难进入服务业。因此，可以通过给予税收优惠、提供财政资金等方式，降低服务业准入门槛，鼓励企业进入服务业，促进服务业的发展。

采取一些其他的措施，如提供培训、提高技术水平等，帮助企业提高竞争力，降低服务业的准入门槛。例如，可以为服务业提供技术支持、技术咨询等服务，帮助企业提高技术水平和服务质量，从而在市场竞争中获得更大的优势。

降低服务业的准入门槛，可以促进服务业的发展，增加就业机会，提高国民经济的效益。可以通过简化注册程序、税收优惠、技术支持等方式，降低服务业准入门槛，鼓励更多的企业参与服务业的竞争。同时，也应该积极推动服务业的创新和发展，提高服务业的核心竞争力，打造国民经济的新支柱产业。

（二）建立服务业发展的平台

建立服务业发展的平台，促进服务业的创新和交流。例如，设立服务业协会、搭建服务业信息平台等。

设立服务业协会，建立服务业的专业组织和平台。服务业协会可以为服务业企业提供技术支持、信息咨询、政策解读等服务，为服务业企业提供更加便利的交流和合作平台。同时，服务业协会还可以承担服务业标准制定、行业规范化和市场监管等职能，为服务业提供更加规范和有序的环境。

搭建服务业信息平台，为服务业企业提供更加全面的信息支持。服务业信息平台可以整合服务业的相关信息资源，为服务业企业提供市场分析、政策解读、技术创新等方面的信息服务。同时，服务业信息平台还可以建立服务业企业数据库，为相关管理部门决策提供更加全面和准确的数据支持。

采取一系列措施，促进服务业的创新和交流。例如，举办服务业论坛、组织服务业展览、开展服务业培训等。通过这些活动，搭建更加便利和广泛的服务业交流平台，促进企业之间的技术创新、经验分享和合作交流，提高服务业的核心竞争力和市场竞争力。

加强服务业的监管和规范，保障消费者的权益和市场的公平竞争环境。加强服务业行业标准的制定和监管，加大对违规行为的查处和处罚力度，维护服务业的市场秩序和公平的竞争环境。

设立服务业协会、搭建服务业信息平台、举办服务业论坛等方式，可以为服务业提供更加全面和便利的支持与服务。同时，还应该加强服务业的监管和规范，维护市场的公平竞争环境，共同促进服务业的健康发展。通过社会各方面的努力，服务业将成为国民经济发展的重要支柱之一，为推动经济增长和提升国际竞争力做出更大的贡献。

（三）提高服务业的人才培养和科技创新水平

加大对服务业人才培养和科技创新的投入，提高服务业的人才和技术水平，促进服务业的升级和转型，推动服务业的发展，提高服务业的质量和效益，为消费者提供更加优质、便捷、个性化的消费选择和服务。

引导服务业向高端化、智能化方向发展，促进服务消费的升级和转型。例如，鼓励企业加强对数字技术的应用，提供智能化、个性化、高品质的服务，提高服务消费的质量和效益。

鼓励企业加强服务创新，推出符合消费者需求和市场趋势的新产品和服务，促进服务消费的升级和转型。例如，在线教育、在线医疗、在线娱乐等新兴服务业可以通过技术创新和服务模式创新，提供更加便捷、高效、贴近消费者需求的服务。

二、加强对服务行业的监管和规范

通过建立完善的服务行业监管机制，加强对服务行业的规范和管理，提高服务消费的质量和效益。例如，加强对服务行业从业人员的资质认证和培训，推动服务行业的标准化和规范化。

加强对服务行业的监管和规范，是确保服务消费的质量和安全的重要举措。建议通过以下措施加强对服务行业的监管和规范。

（一）建立完善的监管机制

建立完善的服务行业监管机制，确保服务行业从业人员的资质认证、服务质量的评估和监管等工作的有效开展。

随着服务业的发展，越来越多的人开始依赖服务业来满足日常生活需求，服务业对社会经济的发展起到了至关重要的作用。然而，服务业中存在的违规行为和不规范的现象给消费者权益带来了威胁，也影响了整个服务业的形象和声誉。为了保障消费者的利益，维护服务业的稳定和良好发展，应当加强对服务业的监管和规范。

服务业的监管和规范是非常必要的，可以有效地预防和惩罚服务业中的违规行为。加大对服务业违规行为的处罚力度，对于违规企业和个人进行罚款、吊销执照等严厉的制裁，这不仅可以减少违规行为的发生，更可以给其他服务业企业和从业人员敲响警钟，提醒他们要严格遵守相关法律法规，保障消费者权益和服务质量。

除了加大惩罚力度，还应该完善服务业监管体系，提高监管的效率和精准度。因此，须采用多种手段来加强服务业监管，如建立服务业信用体系、推行服务业标准化等。建立服务业信用体系可以通过记录服务业企业和从业人员的信用状况，鼓励守法经营，惩戒违规行为，增强监管的有效性和可操作性。推行服务业标准化也可以提高服务质量和安全性，降低服务风险和成本，为服务业的稳定和良好发展提供有力保障。

在加强服务业监管和规范的同时，也应该注重服务业的培育和发展，为服务业提供更好的发展环境和支持。可以加大对服务业的投入力度，优化服务业发展的政策环境和经营环境，激发服务业企业和从业人员的创新创业精神，提高服务质量和市场竞争力。

（二）提高从业人员的资质

在服务业的发展中，从业人员的素质是保障服务质量的关键因素之一。因此，应当加强对服务行业从业人员的资质认证和培训，提高从业人员的专业素质和服务能力，提高服务行业的服务质量。

建立起全面、科学、规范的服务行业从业人员资质认证制度，以保证从业人员的专业水平和职业道德符合行业要求。通过建立服务行业从业人员资格考试、实名制管理、信用评价等措施，有效规范从业人员的行业认证和从业标准。

加强对服务行业从业人员的职业培训，提高从业人员的专业水平和服务能力。服务行业包括多个行业和领域，不同的行业和领域的从业人员需要具备不同的专业技能和知识，以保证服务质量。可以通过设立专业培训机构、推行职业技能认证、组织行业交流等措施，提高服务行业从业人员的技能水平和服务能力。

采取一些其他措施，鼓励和支持服务行业从业人员提升自身素质。可以加强对服务行业从业人员的奖励和激励机制，如设立优秀服务员奖励计划、提供职业晋升机会等，以激发从业人员的积极性和主动性，提高他们的专业素质和服务质量。

通过加强对服务行业从业人员的保护，提高其工作积极性和工作满意度。完善相关法律法规，保障服务行业从业人员的合法权益，如提高从业人员的社会保障水平、保障从业人员的劳动权益等。同时，还可以加强对服务行业从业人员的心理辅导和健康管理，以保障他们的身体健康和心理健康，提高他们的工作积极性和工作满意度。

（三）推动服务行业标准化和规范化

加强对服务行业标准化和规范化工作的领导和组织，完善服务行业的标准和规范体系。成立专门的标准制定机构或组织专家、学者和企业代表等多方面参与标准制定工作，确保制定的标准和规范科学、全面、可行。还可以加强对服务行业标准制定的宣传和推广，提高标准和规范的知晓度和执行率。

重视服务行业标准化和规范化的执行，加强对服务行业标准和规范的监督和检查。完善服务行业标准和规范的执行机制，建立监管体系和机制，通过监督检查、行政处罚等手段，加强对服务行业标准化和规范化的执行力度。还可以采取措施，鼓励和支持服务行业企业自主制定标准和规范，提高行业自律意识，加强对行业标准的执行力度。

采取一些其他措施，推动服务行业的标准化和规范化发展。可以设立行业标准基金，支持行业标准的制定和推广；鼓励服务行业企业通过自主认证、评估等方式提高服务质量和标准化水平；推广和普及服务行业标准和规范知识，提高消费者对服务行业标准和规范的认知程度。

（四）加强服务行业信息公开

建立健全服务行业信息公开制度，制定服务行业信息公开的标准和规范。建立服务行业信息公开的网站或平台，集中发布服务行业从业人员的资质认证情况、服务质量评估情况、服务价格情况等方面的信息，方便消费者查询和了解。还可以采取一些措施，如举办信息公开活动、发放宣传资料等，提高公众对服务行业信息公开的认知和重视程度。

三、推动在线服务消费的升级

加强对在线服务平台的监管和规范，促进在线服务消费的升级和转型。例如，加强对在线服务平台的认证和监管，提高在线服务的质量和效益，鼓励在线服务平台提供更加个性化、优质的服务。

通过推动在线服务创新和应用，促进在线服务消费的升级和转型。例如，鼓励在线服务平台采用人工智能、大数据等新技术，提供更加智能、便捷的服务。同时，可以提供相应的支持和鼓励，引导企业加强在线服务的创新和升级，提高消费者的满意度和忠诚度，推动消费市场的升级和转型。

通过建立跨部门协作机制，加强在线服务平台的监管和信息共享，共同维护消费者的合法权益和公平竞争环境。例如，加强对在线服务平台的数据安全和隐私保护，建立消费者投诉和维权机制，提高在线服务的信任度和可靠性。

推动在线服务消费升级和转型，需要企业与消费者共同参与和努力。可以通过完善相关政策和规划、加强对服务行业的监管和规范、推动在线服务创新和应用等方式，为在线服务消费的升级和转型提供有力支持和保障。企业可以加强服务创新和升级，提高在线服务的质量和效益，满足消费者不断增长的需求和期望。消费者也需要注重在线服务消费的质量和品位，选择符合自己需求的在线服务，共同推动消费市场的升级和转型。

同时，可以鼓励企业和平台加强数字技术的应用，提高在线服务的智能化、交互性和便捷性。例如，引入人工智能、大数据等技术，为用户提供个性化、定制化的服务体验，增强用户黏性和满意度。此外，可以加强在线服务消费的信用体系建设，鼓励诚信经营，减少虚假宣传和欺诈行为，提高消费者对在线服务的信任度和满意度。

鼓励在线服务平台加强与传统服务业的合作，推动线上线下服务的融合。例如，在线旅游平台可以与线下旅游机构合作，提供更加完整、便捷的旅游服务；在线教育平台可以与线下教育机构合作，提供更加优质、多样化的教育资源。这样可以有效提升消费者的消费体验和服务水平，促进服务消费市场的升级和转型。

四、加强消费者教育和引导

媒体、社会组织等可以加强对消费者的教育和引导，引导消费者选择优质、价格合理的产品和服务，提高消费者的消费水平和消费质量。

（一）提高消费者对服务质量的认识

可以通过媒体宣传、消费者教育等渠道，提高消费者对服务质量的认识，引导消费者理性选择服务品牌和服务商。

通过多种媒体手段宣传服务质量相关知识，如电视、广播、报刊、网络等，向消费者普及服务质量标准和服务质量评估等相关知识。可以利用广告、宣传片、微信公众号等媒体渠道，向消费者介绍不同服务品牌和服务商的服务质量与口碑，让消费者更好地选择适合自己的服务品牌和服务商。还可以组织一些宣传活动，如服务品牌展览、服务质量评选活动等，引导消费者对服务品牌和服务商的服务质量进行深入了解。

可以组织服务质量培训和讲座等活动，教育消费者如何识别服务质量，提高消费者对服务质量的判断力和选择的准确性。还可以建立咨询热线或网站，为消费者咨询服务质量相关问题提供平台，解答消费者对服务质量的疑虑和问题。

（二）鼓励消费者参与服务消费的评价和反馈

利用互联网和移动通信等技术手段，建立在线服务评价和反馈平台，让消费者可以随时随地进行服务评价和反馈。企业要在自己的官方网站或平台上设置服务评价和反馈板块，让消费者可以方便地进行服务评价和反馈。

鼓励消费者参与服务消费的评价和反馈，提高服务消费的质量和效益。可以通过广告宣传、教育讲座、媒体报道等渠道，让消费者知道自己的评价和反馈对服务质量的提高具有重要作用。还可以给予一定的奖励或优惠，鼓励消费者积极参与服务消费的评价和反馈。

企业应该充分认识到在线评价和反馈平台的重要性，加强对在线评价和反馈平台的建设和管理；建立健全的评价和反馈机制，对消费者的评价和反馈进行及时、有效的回复和处理，让消费者感受到企业对服务消费的重视。此外，还应该保障消费者参与服务消费的评价和反馈的权利，维护消费者的合法权益。

（三）加强消费者教育和引导

加强消费者教育和引导，可以提高服务消费的质量和效益，促进消费市场的转型和升级。媒体、社会组织等可以借助数字化技术和平台，加强对消费者的教育和引导。例如，建立在线消费指南、消费评价平台等数字化平台，为消费者提供相关服务的评价和建议。同时，也可以通过数字化手段为消费者提供更加便捷的消费服务，如在线预约、在线支付、智能推荐等。这些数字化服务可以为消费者提供更加便捷、高效、个性化的消费体验，促进服务消费的转型和升级。

五、数字经济驱动居民消费升级展望

数字经济已经成为促进居民消费升级的重要力量。数字技术的应用和数字经济的发展，提高了消费者的购物体验和服务质量，同时推动了消费品质量和服务水平的提升，为消费者提供了更多的选择和更好的消费体验。未来，数字经济对居民消费升级的驱动作用还将不断加强，促进居民消费升级、提高消费品质量和服务水平、增强消费市场活力和竞争力的趋势不可逆转。

数字经济驱动消费升级体现在诸多方面，需要企业和消费者共同努力，实现共赢和可持续发展。企业要加强创新和技术升级，提高生产效率和质量，增加供给的多样性和个性化。企业需要深入了解消费者的需求和心理，提高产品和服务的质量与品位，推动产业转型和升级。消费者需要注重自身的消费意识和消费行为，选择符合自己价值观和生活方式的消费产品与服务，促进消费市场的转型和升级。

随着数字经济的不断发展和技术创新的加速，未来数字经济将继续发挥重要的驱动作用，对居民消费升级和消费市场的发展产生越来越大的影响。在数字经济驱动下，居民消费升级的趋势将更加明显，消费者将更加注重产品和服务的品质与效率，注重个性化和多元化消费体验，消费市场将更加健康、绿色、可持续发展。在这一背景下，需要加强数字经济产业的创新和升级，积极推进数字经济与传统产业的深度融合，构建数字化、智能化、绿色化的新型消费市场。同时，需要加强对消费者的引导和教育，提高消费者的消费素质和消费技能，促进消费者个性化和差异化需求的满足，打造更加智能、高效、便利、安全的消费环境和服务设施。

然而，数字经济也带来了一些风险和挑战，如网络安全、个人隐私保护、信息泄露等问题，需要加强监管，保障消费者的合法权益和消费安全。

总之，数字经济是未来消费市场的重要驱动力，需要积极抓住数字经济带来的机遇，促进消费升级和消费市场的健康发展，实现经济高质量发展。

参考文献

[1]朱建良，王廷才，李成，等．数字经济：中国经济创新增长“新蓝图”[M]．北京：人民邮电出版社，2017.

[2]豆大帷．新制造：“智能＋”赋能制造业转型升级[M]．北京：中国经济出版社，2019.

[3]李宏，孙道军．平台经济新战略[M]．北京：中国经济出版社，2018.

[4]程雪军．互联网消费金融：科技、金融与监管[M]．北京：经济日报出版社，2018.

[5]刘东明．智能＋：AI 赋能传统产业数字化转型[M]．北京：中国经济出版社，2019.

[6]迟福林．转型抉择——2020：中国经济转型升级的趋势与挑战[M]．北京：中国经济出版社，2015.

[7]李凌．经济效率转型：从要素驱动到创新驱动[M]．上海：上海人民出版社，2013.

[8]张继焦，吕江辉．数字化管理：应对挑战 掌控未来[M]．北京：中国物价出版社，2001.

[9]杜平．“数字中国”发展报告.2013：空间信息资源开发利用促进信息消费[M]．北京：电子工业出版社，2014.

[10]兰建平．求索区域经济转型样本[M]．杭州：浙江大学出版社，2016.

[11]中国信息化百人会课题组．信息经济崛起：“物联网＋”时代产业转型路径、模式与趋势[M]．北京：电子工业出版社，2017.

[12]王宏广 . 填平第二经济大国陷阱：中美差距及走向 [M]. 北京：华夏出版社，2018.
[13]浙江省统计局 . 数字的魅力：基于统计视野的浙江经济社会发展研究 [M]. 杭州：浙江工商大学出版社，2015.
[14]黄滨 . 透明数字化供应链 [M]. 北京：人民邮电出版社，2019.
[15]姚成伟 . 碎片化营销：注意力经济下的品牌运营策略 [M]. 北京：人民邮电出版社，2017.
[16]张祥 . 新经济与国际经济贸易 [M]. 北京：中国对外经济贸易出版社，2001.
[17]中国新闻出版研究院，北京印刷学院 . 中国互联网与数字出版研究指南（2014 ～ 2015）[M]. 北京：中国书籍出版社，2016.
[18]李馥伊 . 数字经济与制造业全球价值链攀升：理论、实践与政策 [M]. 北京：中国社会科学出版社，2021.
[19]信息社会 50 人论坛 . 信息经济：中国转型新思维 [M]. 上海：上海远东出版社，2015.
[20]尹丽波 . 数字基建 [M]. 北京：中信出版社，2020.
[21]郭梅君 . 创意转型：创意产业发展与中国经济转型的互动研究 [M]. 北京：中国经济出版社，2011.
[22]何强，李义章 . 工业 APP：开启数字工业时代 [M]. 北京：机械工业出版社，2019.
[23]孙宝文，李涛 . 中国互联网经济发展报告 2018[M]. 北京：社会科学文献出版社，2018.
[24]赵大伟 . 分布式商业：区块链与数字经济开启大规模群体协作新时代 [M]. 北京：机械工业出版社，2020.
[25]销售老兵 . 销售学常识速查速用大全集 [M]. 北京：中国法制出版社，2012.
[26]胡放之 . 经济高质量发展与民生改善问题研究 [M]. 北京：经济科学出版社，2018.

[27]王先庆．新物流：新零售时代的供应链变革与机遇 [M]. 北京：中国经济出版社，2019.

[28]王慧敏，曹祎遐．文化创意产业发展的理论与实践探索 [M]. 上海：上海社会科学院出版社，2018.

[29]曾骅，莫建备，徐之顺，等．科学发展·和谐发展·率先发展：长江三角洲区域经济社会协调发展研究 [M]. 上海：上海人民出版社，2008.

[30]张影强．新经济 新动能 新思路 [M]. 北京：企业管理出版社，2018.

[31]谢林俯．财富第十波 2.0：通证时代的数字黄金 [M]. 北京：中国财富出版社，2019.

[32]论坛部．创新·智能·绿色·发展：第十八届中国国际工业博览会论坛演讲辑选（2016）[M]. 上海：上海远东出版社，2017.

[33]陆高立．直播销售：商业模式＋平台运营＋吸粉引流＋带货技巧 [M]. 北京：中国铁道出版社，2020.

[34]李志刚，等．新连接：互联网＋产业转型 互联网＋企业变革 [M]. 北京：电子工业出版社，2017.

[35]曾世宏，钟纯．互联网技术创新分享经济与服务消费升级 [M]. 徐州：中国矿业大学出版社，2022.

[36]杨懿，廉倩文，王颖．消费升级背景下健康旅游目的地建设研究 [M]. 北京：中国旅游出版社，2022.

[37]张驰，王满仓．数字经济对居民消费升级的影响效果及作用机制检验 [J]. 统计与决策，2023，39（7）：11-16.

[38]李丽丽，赵婉华．乡村振兴视域下电商产业集聚对农村消费升级的影响 [J]. 商业经济研究，2023（7）：92-95.

[39]李治国，霍冉，周行．数字经济、能源生产率与高质量发展——基于黄河流域面板数据的实证研究 [J]. 河南师范大学学报（自然科学版），2023（2）：32-44.

[40]夏明，周文泳，谢智敏 . 城市数字经济高质量发展协同路径研究：基于技术经济范式的定性比较分析 [J]. 科研管理，2023，44（3）：65–74.
[41]李琳 . 电子商务对经济高质量发展的影响：兼论居民收入和消费升级的中介效应 [J]. 商业经济研究，2023（6）：14–17.
[42]李三希，武玙璠，李嘉琦 . 数字经济与中国式现代化：时代意义、机遇挑战与路径探索 [J]. 经济评论，2023（2）：3–14.
[43]张芬芬，邓博华 . 数字经济赋能乡村振兴的影响机制与空间效应 [J]. 金融与经济，2023（3）：65–76.
[44]李改艳 . 商贸流通业与电子商务协同发展对消费升级的影响 [J]. 商业经济研究，2023（6）：30–33.
[45]鲍瑜，敏伊贞 . 甘肃省数字经济与经济增长耦合协调度研究 [J]. 商业经济，2023（4）：24–26，51.
[46]顾桢 . 电商供应链优化对农村居民消费升级的影响分析 [J]. 商业经济研究，2023（6）：43–46.
[47]马静 . 流通业数字化对区域绿色经济发展的影响：基于消费升级的视角 [J]. 商业经济研究，2023（6）：119–122.
[48]洪银兴，任保平 . 数字经济与实体经济深度融合的内涵和途径 [J]. 中国工业经济，2023（2）：5–16.
[49]笪远瑶，罗丹 . 数字经济、结构红利与绿色全要素生产率 [J]. 西南民族大学学报（人文社会科学版），2023，44（3）：107–118.
[50]张静，安少凯 . 数字经济对流通业现代化的影响：基于消费规模扩张和结构升级的视角 [J]. 商业经济研究，2023（5）：26–29.
[51]张恪渝，武晓婷 . 基于投入产出表的中国数字经济卫星账户构建 [J]. 统计与决策，2023，39（5）：5–9.
[52]徐翔燕，马国勇 . 数字经济、环境规制与产业转型 [J]. 统计与决策，2023，39（5）：119–124.

[53]周正，门博阳，王搏．数字经济驱动制造业高质量发展的增长效应：基于中国数字经济与制造业的实证检验 [J]. 河南师范大学学报（哲学社会科学版），2023（1）：72–78.

[54]甄浩，贾男．数字经济与劳动力的行业流动：是溢出效应还是挤出效应 [J]. 天府新论，2023（2）：98–110.

[55]郑思权．商贸流通业发展对居民消费升级的影响机制：基于数字经济门槛效应的实证 [J]. 商业经济研究，2023（6）：5–9.

[56]卫思谕．数字经济驱动消费升级 [N]. 中国社会科学报，2022–05–13（1）.

[57]高波，袁徽文．双循环格局下数字经济驱动消费升级的机制和路径 [J]. 江苏行政学院学报，2022（2）：36–44.

[58]黄德超．数字经济、创新能力与经济高质量发展：基于中国省级面板数据的实证研究 [D]. 杭州：浙江科技学院，2022.

[59]龚晓辉．数字经济背景下 H 公司 4C 营销策略研究 [D]. 昆明：云南财经大学，2022.

[60]张莹．数字经济对居民消费升级的影响研究 [D]. 南京：南京邮电大学，2022.

[61]戴静．数字经济对中国制造业高质量发展的影响研究 [D]. 南京：南京邮电大学，2022.

[62]姜玉婷．数字经济对生产性服务业空间集聚的影响研究 [D]. 南京：南京邮电大学，2022.

[63]卜荣胜．数字经济背景下 J 省移动 DICT 业务发展战略研究 [D]. 南京：南京邮电大学，2021.

[64]唐怀坤．通信设计企业数字化转型成熟度评估方法研究 [D]. 南京：南京邮电大学，2022.

[65]刘佳欣．数字经济发展效率对城乡收入差距的影响研究 [D]. 石家庄：河北地质大学，2022.

[66]刘宇帆．数字经济下南昌小蓝经开区推动产业转型升级问题的研究 [D]. 南昌：江西财经大学，2022.

[67]田振兴．数字经济驱动制造业高质量发展的机理、效应及路径优化研究 [D]. 石家庄：河北地质大学，2022.
[68]王铭雨．数字化转型对我国 OFDI 的影响研究：基于省级差异性视角 [D]. 杭州：杭州师范大学，2022.
[69]蒋泽坤．数字经济对乡村振兴影响研究 [D]. 石家庄：河北地质大学，2022.
[70]程妍 .RCEP 伙伴国数字经济发展水平对中国出口贸易的影响研究 [D]. 杭州：杭州师范大学，2022.
[71]李思卓．美国数字货币风险的识别与管控研究 [D]. 长春：吉林大学，2022.
[72]曹书维．数字经济发展对中国双向 FDI 基本动机的影响研究 [D]. 长春：吉林大学，2022.
[73]余进韬．数字金融的经济增长效应及其机制研究 [D]. 成都：四川大学，2022.
[74]谢娟．农村数字普惠金融的政治经济学研究 [D]. 成都：四川大学，2022.
[75]龙帼琼．数字化对中国制造业高质量发展的影响研究 [D]. 昆明：云南财经大学，2022.
[76]梁萌．数字经济对农业经济增长的影响研究 [D]. 长春：吉林农业大学，2022.
[77]王帅．数字经济对区域绿色发展的影响研究 [D]. 兰州：兰州大学，2022.
[78]李唱．数字普惠金融对农村居民消费升级的影响研究 [D]. 长春：吉林农业大学，2022.
[79]刘琦．异质性视角下家庭负债对居民消费升级影响的实证研究 [D]. 杭州：浙江科技学院，2022.
[80]崔传浩．数字普惠金融对居民消费升级的影响研究 [D]. 烟台：山东工商学院，2022.

[81]许帆 . 数字金融发展对我国居民消费升级的影响研究 [D]. 曲阜：曲阜师范大学，2022.

[82]徐泳 . 基于 IPA 分析的庐山牯岭街夜间文旅消费升级研究 [D]. 南昌：江西财经大学，2022.

[83]杨宁 . 我国居民消费升级与产业结构优化的互动效应研究 [D]. 南昌：江西财经大学，2022.

[84]于丽霞 . 消费升级对文化产业发展的影响机制研究：基于空间杜宾模型 [D]. 南昌：江西财经大学，2022.

[85]杨晔 . 我国农村居民家庭收入来源对消费升级的影响研究 [D]. 兰州：兰州财经大学，2022.

[86]贾新博 . 新发展格局下数字普惠金融对城乡居民消费升级的影响：基于门槛效应的实证分析 [D]. 青岛：山东大学，2022.

[87]刘倩 . 消费升级下“花叙”餐厅品牌设计 [D]. 南昌：南昌大学，2022.

[88]徐新航 . 减税提振居民消费的效应研究 [D]. 贵州：贵州财经大学，2022.

[89]谈词 . 中国消费升级对全球价值链攀升的影响机制与实证研究 [D]. 杭州：浙江大学，2022.

[90]姜超 . 消费升级背景下 G 公司定制家具业务营销策略研究 [D]. 南昌：南昌大学，2022.

[91]吕林林 . 基于消费升级视角下本土高端消费品品牌形象塑造研究 [D]. 石家庄：河北师范大学，2022.

[92]李伟杰 . 数字普惠金融对居民消费升级的影响研究：基于省级面板数据的证据 [D]. 济南：山东财经大学，2022.

[93]张晓玲 . 税制结构对我国居民消费升级的影响研究 [D]. 济南：山东财经大学，2022.